HALIT

Band 2

Deutsch für Fortgeschrittene

Kursbuch

von Klaus Lodewick

Dieses Lehrwerk ist Halit Yozgat gewidmet. Er wurde am 6. April 2006 in Kassel von Nazis ermordet.

In den Jahren 2000 bis 2006 ermordete eine Gruppe von Neonazis 10 Menschen in Deutschland. Neun der zehn Ermordeten mussten sterben, weil sie oder ihre Eltern aus der Türkei und aus Griechenland kamen. Nur durch einen Zufall ist bekannt geworden, dass es Neonazis waren, die aus Ausländerhass mordeten. Zuvor wurden die Opfer und deren Familienangehörige selber verdächtigt, in irgendeiner Weise an den Morden beteiligt gewesen zu sein. Elf Jahre lang konnten die Täter unentdeckt bleiben.

In Deutschland gerät vieles in Vergessenheit. Das Lehrwerk »Halit« soll einen Beitrag dazu leisten, dass dies mit den Opfern der Nazimörder nicht passiert.

Enver Şimşek, ermordet am 9. September 2000 in Nürnberg
Abdurrahim Özüdoğru, ermordet am 13. Juni 2001 in Nürnberg
Süleyman Taşköprü, ermordet am 27. Juni 2001 in Hamburg
Habil Kılıç, ermordet am 29. August 2001 in München
Mehmet Turgut, ermordet am 25. Februar 2004 in Rostock
İsmail Yaşar, ermordet am 9. Juni 2005 in Nürnberg
Theodoros Boulgarides, ermordet am 15. Juni 2005 in München
Mehmet Kubaşık, ermordet am 4. April 2006 in Dortmund
Halit Yozgat, ermordet am 6. April 2006 in Kassel

Fabouda-Verlag

Halit

Band 2

Kursbuch

von Klaus Lodewick

Umschlag: Fatima Abouda
Layout: Klaus Lodewick

Zu diesem Lehrwerk gehören:

Kursbuch	**ISBN 978-3-930861-45-3**
Übungsbuch	ISBN 978-3-930861-46-0
2 Audio CDs	ISBN 978-3-930861-47-7
Handbuch & Tests für Unterrichtende	ISBN 978-3-930861-48-4

© 2013 Fabouda-Verlag Göttingen

Druck 2016

www.fabouda.de
info@fabouda.de

Das Werk und seine Teile sind urheberrechtlich geschützt. Jede Verwertung in anderen als den gesetzlich zugelassenen Fällen bedarf deshalb der vorherigen schriftlichen Einwilligung des Verlages.
Hinweis zu § 52 a UrhG: Weder das Werk noch seine Teile dürfen ohne schriftliche Einwilligung des Verlages eingescannt und in ein Netzwerk eingestellt werden. Dies gilt auch für Intranets von Schulen, Hochschulen und sonstigen Bildungseinrichtungen.

ISBN 978-3-930861-45-3

Inhalt

1 Freundschaft S. 8 -16

Lesen	▶ **(GR)** Die Normalfreundschaft
	▶ ⭐⭐ Doppelte Freude, halbes Leid
	▶ ⭐ Die Freunde (Gedicht)
	▶ **(GR)** Geheimnisse sichern Freundschaften
Hören	▶ ⭐⭐ Freundschaften im Leben *(Vortrag)*
Grammatik	▶ Nominalstil: Konditionalsätze
	▶ Trennbare Verben *(WiWis)*
Präsentation	▶ Textgliederung, Minivortrag mit Hilfe von Stichwörtern halten
	▶ Lesevortrag

2 Weg damit? S. 18 -27

Lesen	▶ ⭐⭐ Schluss bei Ausdruck 1505
	▶ ⭐⭐ Vergiftete Flammen
Hören	▶ ⭐⭐ Obsoleszenz: Produktion für den Müll? *(Vortrag)*
Grammatik	▶ Satzstellung im Mittelfeld
	▶ Nominalstil: Kausalsätze
	▶ Alternativen zu den Modalverben können und müssen *(WiWis)*
	▶ Wortbildung: Präfixe ver-, zer-
Präsentation	Handout und Zusammenfassung schreiben

3 Ich habe gehört, ihr wollt lernen S. 28 -37

▶ Lesen	▶ ⭐⭐ Ich habe gehört, ihr wollt ____ lernen *(Gedicht)*
	▶ ⭐⭐⭐ Denken, bewegen, lernen
	▶ **(GR)** Lernen im Schlaf
	▶ ⭐⭐ Lernen und Schlaf *(Reziprokes Lesen)*
▶ Hören	▶ ⭐⭐ Was das Gehirn beim Sport macht *(Reportage)*
▶ Grammatik	▶ Nomen-Verb-Verbindungen
	▶ Adjektivdeklination *(WiWis)*
Präsentation	Lesevortrag

4 Beruf & Moral S. 38 - 49

▶ Lesen	▶ ⭐⭐ / ⭐⭐⭐⭐ Gewissenskonflikte im Beruf *(4 Kurztexte)*
	▶ **(GR)** Kriterien für die Berufswahl
	▶ ⭐⭐⭐ Das Böse *(Gedicht)*
▶ Hören	▶ ⭐ Gewissenskonflikte im Beruf *(Hörverstehen zu den Vorträgen)*
	▶ ⭐⭐ Der Lobbyist *(Interview)*
▶ Grammatik	▶ Nominalstil: Temporalsätze
	▶ Verben mit Präpositionen *(WiWis)*
▶ Präsentation	▶ Vortrag halten, Notizen zu Vorträgen machen
	▶ Lesevortrag *(Intonation)*

Inhalt

5 Stress S. 50 - 57

▶ Lesen	▶ ⭐⭐⭐ Schweigen ist Gold ▶ **(GR)** Unvorteilhaftes Erbe	
▶ Hören	▶ ⭐⭐⭐ Physiologische Stressreaktionen *(Vortrag)* ▶ ⭐⭐ Strategien gegen Stress *(Vortrag)*	
▶ Grammatik	▶ Nominalstil: Finalsätze ▶ Der Genitiv *(WiWis)*	
▶ Präsentation	▶ Handout und Zusammenfassung schreiben	

6 Geschwister S. 58 - 67

▶ Lesen	▶ ⭐⭐⭐ Geschwister (Gedicht) ▶ ⭐⭐ Die Gebrüder Mann ▶ ⭐⭐⭐ Geliebte Rivalen ▶ **(GR)** Geschwisterforschung
▶ Hören	▶ ⭐⭐⭐ Die erstaunlichen Erkenntnisse des Frank Sulloway *(Vortrag)*
▶ Grammatik	▶ Nominalstil: Konzessivsätze
▶ Präsentation	▶ Beispiele anführen, etwas erläutern ▶ Kurzvortrag: Studien zusammenfassen

7 Gesund? S. 68 - 79

▶ Lesen	▶ ⭐⭐ Wer's glaubt, wird sterben *(4 Kurztexte)* ▶ ⭐⭐ Der Nocebo-Effekt *(Reziprokes Lesen)* ▶ **(GR)** Was Ärzte nicht sagen sollten ▶ ⭐⭐ Mikroben ▶ **(GR)** Der Mensch und seine Bakterien
▶ Hören	▶ ⭐⭐⭐ Schmerzhafte Schokolade *(Reportage)* ▶ ⭐⭐ Bei Hempel in der Wohnung *(Vortrag)*
▶ Grammatik	▶ Links- und Rechtsattribute ▶ Partizipialsätze
▶ Präsentation	▶ Kurzvortrag halten, Notizen zu Vorträgen machen

8 Verd. Sch.!– Fluchen S. 80 - 87

▶ Lesen	▶ ⭐⭐ Fluchen, schimpfen, beleidigen, verwünschen ▶ ⭐⭐⭐ Fuelhcn – vbeireetn snlions
▶ Hören	▶ ⭐⭐ Wie ein Bierkutscher *(Vortrag)*
▶ Grammatik	▶ Komplexe Textbezüge ▶ Wo steht »nicht« im Satz?

9 Fleisch? S. 88 - 95

Lesen	▶ ⭐⭐ Die Fleischesser *(Reziprokes Lesen)* ▶ ⭐⭐⭐ Ohne Titel ▶ **(GR)** Chemotherapie & Prothesen ▶ **(GR)** Woher kommt das Ei?
Hören	▶ ⭐⭐⭐ Warum essen Menschen andere Tiere? *(Vortrag)*
Grammatik	▶ Indirekte Rede, Konjunktiv I *(WiWis)*

Inhalt

10 Die Welt reparieren   S. 96 -105

- Lesen
  - ⭐⭐ ⭐⭐ Geo-Engineering: Das Klima reparieren
  - ⭐ ⭐⭐⭐ Den Menschen reparieren
  - **(GR)** Kontraste: Augen
  - **(GR)** Kontraste: Riechen, tasten hören
- Hören
  - ⭐⭐⭐ Kann die Welt so repariert werden? *(Interview)*
- Grammatik
  - Partizip-Attribute
  - Adversativsätze
  - Konjunktiv II *(WiWis)*
- Präsentation
  - Nominale Kurzformen (»Spiegelstriche«) erstellen
  - Reformulierungen verwenden
  - Kurzvortrag halten
  - Mindmap erstellen
  - Leseübung (Intonation)

11 Wem gehört die Stadt?   S. 106 -115

- Lesen
  - ⭐⭐⭐ Wer besitzt den Kiez?
  - ⭐ Maklergeschichten
- Hören
  - ⭐⭐⭐ Man will mich entmieten! *(Reportage)*
  - ⭐⭐⭐ Die vier Phasen der Gentrifizierung *(Vortrag)*
- Grammatik
  - Bestimmter und unbestimmter Artikel
  - Wortbildung: Präfix -ent
  - Zustandspassiv *(WiWis)*
- Präsentation
  - Vortrag gliedern, Überblick über Themen geben
  - komplette Präsentation erstellen

Anhänge   S. 116 -126

Grammatik S. 116 – 124
- Nominalstil und Verbalstil
- Nominalisierung von adverbialen Nebensätzen
- Satzstellung im Mittelfeld
- Nomen-Verb-Verbindungen
- Attribute beim Nomen
- Partizipialsätze
- Adversativsätze
- Bestimmter und unbestimmter Artikel

Präsentation
- Tipps
- Redemittel

Quellenverzeichnis

Hinweise

Hinweise zu diesem Lehrwerk

Niveau Das Lehrwerk HALIT besteht aus zwei Bänden, die jeweils Lehrmaterialien für ca. 160 –200 Unterrichtsstunden enthalten. Es richtet sich an fortgeschrittene Lerner, die die Grundstufen mit gutem Erfolg abgeschlossen haben und das Niveau C1 oder C2 des Europäischen Referenzrahmens für Sprachen erreichen möchten. HALIT BAND 1 entspricht dem Niveau B2/C1, es kann in der Mittelstufe eingesetzt werden; HALIT BAND 2 dem Niveau C1 und kann in der Mittelstufe oder Oberstufe eingesetzt werden.
HALIT BAND 2 eignet sich besonders für studienvorbereitende, studienbegleitende und berufsvorbereitende Kurse.

Das Kursbuch ist thematisch in **11 Lektionen** unterteilt. Jedes Kapitel enthält mehrere Lese- und Hörtexte unterschiedlichen Schwierigkeitsgrades. Außerdem sind Kurztexte zur Grammatik aufgenommen.
Das Lehrwerk eignet sich für einen **kommunikativ ausgerichteten Unterricht.** Lehrende und Lernende werden dazu ermuntert, **kooperative Lernformen** auszuprobieren.

Grammatik In jedem Kapitel sind Kurztexte enthalten, in denen bestimmte grammatische Strukturen gehäuft vorkommen. In der Regel sind hier Aufgaben zur Verständnissicherung vorgeschaltet, bevor die Grammatik behandelt wird.
Die in **HALIT, Band 2** vorgestellten und geübten grammatischen Strukturen werden im Grammatikanhang in signalgrammatischer Form dargestellt und erklärt. Dabei handelt es sich um grammatische Strukturen, die besonders in wissenschaftsorientierten Texten anzutreffen sind *(Nominalstil, komplexe Attributionen usw.)*. Es wird empfohlen, parallel eine systematische Grammatik zu verwenden.

Das Übungsbuch enthält Aufgaben, die für die **Prüfungen** des **Goethe-Instituts**, den **TestDaF** und die **DSH** relevant sind. Diese Aufgaben dienen der **Überprüfung** des Lese- bzw. Hörverstehens **nach** der Behandlung der Texte im Unterricht. Im Einzelfall können Sie aber auch als Alternative zu der im Kursbuch vorgeschlagenen Vorgehensweise herangezogen werden.
Darüber hinaus wird der kapitelrelevante Wortschatz angewendet und wiederholt sowie die Grammatik geübt.

Das Handbuch für Unterrichtende enthält methodisch-didaktische Hinweise, Hintergrundinformationen zu den Texten und Vorschläge zur Arbeit mit HALIT. Außerdem sind Tests als Kopiervorlage enthalten. Die Tests wiederholen den Lernstoff von jeweils 2 Kapiteln.

Präsentationen Ein Schwerpunkt von **HALIT, Band 2** ist die schrittweise Heranführung an das Erstellen von Präsentationen. Es werden sowohl Teilfertigkeiten *(Schreiben eines Handouts, verständlich vortragen, Nominalisierung von Sätzen, Stichwörter notieren usw.)* geübt als auch kleine Präsentationen im Kurs erstellt. Dabei wird auch *das Verstehen von Vorträgen* geübt.

Aufgaben mit dem Symbol am Rand üben Teilfertigkeiten, die für das Erstellen von Präsentationen wichtig sind.

Wortschatz Bei Hör- und Lesetexten sind am unteren Seitenrand wichtige **Wörter aufgelistet**. Zu diesen Wörtern finden Sie im Übungsbuch in der Regel **Zuordnungsaufgaben** (den Wörtern müssen Umschreibungen oder Erklärungen zugeordnet werden). Zur Entlastung können Sie diese Wortschatzaufgaben auch vor dem Lesen bearbeiten.

Hinweise

Symbole und Verweise

Hörtext: **Die vier Phasen der Gentrifizierung** Vortrag, 950 Wörter ☺ ☺ ☺	Der Hörtext »*Die vier Phasen der Gentrifizierung*« hat 950 Wörter und den Schwierigkeitsgrad 3 (☺ ☺ ☺). In der Regel folgt eine kurze Beschreibung des Themas.
Lernen im Schlaf	Texte (hier mit dem Titel »Lernen im Schlaf«), in denen gehäuft bestimmte grammatische Strukturen vorkommen.
CD II, Track 3	Der Hörtext befindet sich auf CD 2, Track 3.
ÜB ▶	Im Übungsbuch finden Sie weitere Übungen zum Text (oder zur Grammatik).
▶ GR S. 118	Die grammatische Struktur wird im Grammatikanhang auf S. 118 erklärt.
WiwiS Der Genitiv	**Wi**ederholung **wi**chtiger grammatischer **S**trukturen *(hier: der Genitiv)*
	Übungen zur Vorbereitung oder Erstellung eines Vortrags / einer Präsentation
	Übungen zur selbstständigen Erarbeitung von Texten in Gruppen (reziprokes Lesen)
	Diese Aufgabe ist schwer. Anleitung und Hilfestellungen der Kursleiterin / des Kursleiters sind unerlässlich.

1 Freundschaft

Unterscheiden sich Männer- und Frauenfreundschaften?
Wenn Frauen Freundschaften schließen, legen Sie besonderen Wert auf ... Männer hingegen ...

A Was ist Ihnen in einer Freundschaft wichtig? Kreuzen Sie maximal 3 Aussagen bei »wichtig« und 3 Aussagen bei »nicht so wichtig« an. Erstellen Sie eine Kursstatistik. Ergänzen Sie andere Kriterien, die für Sie wichtig sind, in den letzten Zeilen.

	wichtig	nicht so wichtig
Hat ähnliche Interessen wie ich.		
Ist da, wenn ich ihn bzw. sie brauche.		
Hält zu mir, wenn ich etwas Dummes getan habe.		
Bleibt mein bester Freund, auch wenn wir in verschiedenen Orten wohnen.		
Teilt meine Einstellungen und Überzeugungen.		
Hat immer ein offenes Ohr für meine Sorgen und Probleme.		
Spricht Fehler und Schwächen offen an.		
Erzählt Geheimnisse nicht weiter.		

Der **Hörtext über Freundschaften** ist ein Vortrag mit einer klaren Gliederung. Er handelt von drei Themen (A, B und C), die jeweils in Unterthemen aufgeteilt sind (1., 2., 3.). Hier werden Thesen aufgestellt, die erläutert oder begründet werden.

Hörtext: **Freundschaften im Leben**
Vortrag, 645 Wörter ☺ ☺

Themen, Unterthemen und Begründungen werden durch bestimmte Formulierungen eingeleitet, die Ihnen das Verstehen des Textes und seines Aufbaus erleichtern (siehe Kasten »Signale für Textgliederung« und »Begründungen einleiten« auf der nächsten Seite unten).

die Freundschaft (feste ~, enge ~, lockere ~) der Freundeskreis die Lebensumstände *(immer Plural)* das Mindestmaß das Gleichgewicht der Lebensabschnitt die Priorität	Freundschaft schließen am Leben halten gestalten basieren auf prägen sich verfestigen verkraften auslaufen	freundschaftlich formalisiert ausgeglichen geschlechtsspezifisch überragend verpönt
N	V	A

1. Hören

1 Vervollständigen Sie die Gliederung. Vergleichen Sie mit Ihrem Lernpartner.

A
1.
2.
3.

B
1.
2.
3.
4.

C
1.
2.
3.

2. Hören

Bereiten Sie einen Zettel für Notizen vor, die Sie während des 2. Hörens machen.
Lassen Sie genügend Platz zwischen den Gliederungspunkten.

Notizen

A 1
2
3
B 1
2
3
4
C 1
2
3

2 Hören Sie den Text ein zweites Mal und machen Sie sich Notizen zu den Unterthemen.

3 Teilen Sie den Kurs in drei Gruppen. Jede Gruppe übernimmt einen Gliederungspunkt (A, B, C), also ein Hauptthema des Vortrags.
- ⇨ Tragen Sie so viele Informationen wie möglich zu Ihrem Thema zusammen.
- ⇨ Formulieren Sie mindestens vier Fragen, die Sie **den anderen Gruppen** zu deren Themen stellen.
- ⇨ Stellen Sie Ihre Fragen den anderen Gruppen. Falls die Frage schon gestellt wurde. Stellen Sie eine andere.
- ⇨ Beantworten Sie die Fragen, die Ihnen die anderen Gruppen stellen.

ÜB

Signale für Textgliederung		Begründungen einleiten	Abkürzungen
• Erstens ... Zweitens ... • die erste ..., die zweite	• Zum einen – zum anderen • einerseits – andererseits	Der Grund dafür ist Das liegt daran, dass Das hat folgende Gründe:	Freundschaft **Fs** ...

Nominalstil: Konditionalsätze

A Was geht? Sind Freundschaften zwischen diesen Personen möglich (👍) oder nicht möglich (👎)?

1. Johannes studiert Physik im 2. Semester; Uta schreibt ihre Doktorarbeit in Theologie.
2. Sarah ist Mitglied in der Partei Die Linke; Bruno ist Mitglied der CDU.
3. Reza räumt im Supermarkt Real Regale ein; Tilman ist Arzt.
4. Jasmin kommt aus Deutschland; Sakura kommt aus Japan.
5. Beate ist 24 Jahre alt; Heinz ist 59.
6. Jan ist ein Mann; Niels ist ein Mann.
7. Maria ist eine strenggläubige Christin; Lea ist Atheistin.
8. Mustafa ist Moslem; Denis ist Katholik.

1 Lesen Sie den Text. Vergleichen Sie die Aussagen des Textes mit Ihren Antworten aus A. Wo gibt es Unterschiede?

Die Normalfreundschaft

Erst kürzlich brachte die Bundesregierung ein schönes Plakat heraus, auf dem zu lesen stand: Freundschaft ist keine Frage der Herkunft. Soziologische Untersuchungen zeigen ein anderes Bild. Freundschaften finden vor allem zwischen Menschen mit ähnlicher ethnischer Herkunft, gleichem Geschlecht und Alter und einer vergleichbaren sozialen Lage statt. Ohne diese Gemeinsamkeiten sind Freundschaften selten. Sehr häufig gehen die Gemeinsamkeiten von Freunden noch darüber hinaus: In vielen Fällen gleichen sich wesentliche Stationen der Biographie wie zum Beispiel Ausbildung und Eintritt ins Berufsleben.

Demnach verläuft die normale Entwicklung von Freundschaften in etwa wie folgt: Die ersten Freundinnen und Freunde findet man in einem institutionellen Kontext, etwa im Kindergarten oder in der Grundschule. Große Veränderungen der Freundeskreise finden mit jedem Schulwechsel, mit jedem Umzug und mit dem Wechsel von einem Lebensalter in ein anderes statt. Große Zäsuren der Freundschaft ereignen sich beim Besuch einer weiterführenden Schule, beim Schulabschluss, mit dem Eintritt in den Beruf, mit der Gründung einer Familie, im Falle einer Trennung vom Lebenspartner oder des Todes des Lebensgefährten. Nach jeder dieser biographischen Zäsuren findet man neue Freunde, während alte ganz oder teilweise aus dem Leben verschwinden. Das Resultat ist das, was man als Normalfreundschaft bezeichnen kann: ein Kreis von Personen, die mit uns in etwa die gleichen Sozialisierungsinstanzen wie Elternhaus, Schule und Beruf durchlaufen haben, die sich im selben Lebensabschnitt wie wir befinden und eine ähnliche soziale Position mit uns teilen.

2 Welche Gemeinsamkeiten gibt es in Freundschaften? Wann finden große Veränderungen bei Freundschaften statt?

Gemeinsamkeiten	Veränderungen
▶	▷
▶	▷
▶	▷
▶	▷
▶	▷
	▷
	▷
	▷

GR 1

3 Markieren Sie in den Zeilen 11 – 21 des Textes »Die Normalfreundschaft« alle Ausdrücke, die eine konditionale Bedeutung (»wenn..., dann...«) haben.

Ergänzen Sie anschließend in dem Kasten »Nominalstil: Konditionalsätze« die Lücken.

Nominalstil: Konditionalsätze

beim Besuch einer _weiterführenden_ Schule	wenn man _eine_ weiterführende Schule _besucht_
mit der Gründung _einer_ Familie	wenn man eine Familie _begründet_
im Falle einer _Trennung_ vom Lebenspartner / Falls	wenn man _sich_ vom Lebenspartner **trennt**
konditionale Präposition + Nomen + Genitivattribut / Präpositionalattribut	**konditionale Subjunktion + Verb**

▶ GR S. 116

4 Ergänzen Sie die fehlenden Nominalphrasen bzw. Nebensätze.

nominal	verbal
bei Beginn einer Freundschaft	Wenn eine Freundschaft beginnt
bei Beendigung von Freundschaften	wenn Freundschaften beendet werden
beim Tod des Lebensgefährten	Wenn _der_ Lebensgefährte stirbt
beim Eintritt in das Berufsleben	Wenn man ins Berufsleben eintritt
Beim normalen Verlauf der Freundschaften	Verlaufen Freundschaften normal,
bei gleichen Interessen	Wenn man gleiche Interessen hat / Wenn sich die Interessen gleichen
Beim Umzug / einem	wenn man umzieht
bei einem Schulwechsel	Wenn man die Schule wechselt
Im Falle einer ähnlichen sozialen Position	falls sie eine ähnliche soziale Position haben
bei einem Auslandsaufenthalt	wenn man sich im Ausland aufhält

sich aufhalten.

ÜB

Freundschaft

Doppelte Freude, halbes Leid

Der englische Philosoph Francis Bacon schrieb 1625 über die Freundschaft: »Sie verdoppelt die Freude und halbiert das Leid.« Aristoteles notierte 2000 Jahre zuvor: »Freundschaft, das ist eine Seele in zwei Körpern.« Tatsächlich scheint die Sehnsucht nach Freunden so alt zu sein wie die Menschheit selbst. Psychologen und Soziologen haben sich ausführlich mit dem Thema Freundschaft beschäftigt.

Die Sozialpsychologin Beverly Fehr zum Beispiel von der kanadischen University of Winnipeg untersucht seit den 1990er Jahren, wie Freundschaften entstehen und wie sie sich entwickeln. In Interviews und mit Hilfe von Fragebogen versucht sie herauszufinden, ob Freundschaften und der Verlauf einer Freundschaft einem bestimmten Muster oder Schema folgen.

Untersuchung: Wie entstehen und wie entwickeln sich Freundschaften?

Ob sich zwei Menschen anfreunden, hängt zunächst von ganz profanen Umständen ab. Die erste Voraussetzung für das Entstehen von Freundschaft ist nämlich die räumliche Nähe. Zahlreiche Studien kamen zu dem ernüchternden Ergebnis, dass es nicht zuletzt vom Zufall abhängt, wer eines Tages zu unserem Freundeskreis zählen wird und wer nicht: der Nachbar zwei Türen weiter, die Kollegin am Schreibtisch gegenüber und der Kommilitone, neben dem wir am ersten Vorlesungstag saßen.

Freundschaften beginnen zumeist vorsichtig. Wenn sich zwei Menschen das erste Mal treffen, geben sie zunächst nur wenig Persönliches über sich preis. Wer gegen diese Norm verstößt, wirkt auf andere eher befremdlich. Verläuft das erste Treffen angenehm, verrät man allmählich mehr über sich. In den frühen Stadien der Freundschaft ist entscheidend, dass diese Offenheit erwidert wird. Nur dann kann sich als zweite wichtige Voraussetzung eine Art Anfangsvertrauen entwickeln.

Je häufiger wir einen flüchtig bekannten Menschen sehen, desto sympathischer wird er uns – sofern es sich nicht gerade um Antipathie auf den ersten Blick handelt. Die dritte Voraussetzung ist deshalb die Kontakthäufigkeit. Psychologen erklären sich diesen so genannten Mere-Exposure-Effekt (deutsch: Effekt der bloßen Exposition) so: Was wir gut kennen, kann unser Gehirn leichter verarbeiten, und so empfinden wir Vertrautes als belohnend. Die Basis für eine neue Freundschaft ist dann schon gelegt – ohne dass wir etwas dafür tun mussten.

Eine weitere wichtige Bedingung ist die Zeit, die wir investieren. Denn Freundschaften erfordern Zeit, damit sie erhalten und vertieft werden können. Dies ist nicht immer einfach, wenn Studium, Beruf und Partnerbeziehung schon den Tag ausfüllen. Soll also eine beginnende Freundschaft gefestigt werden, muss bewusst Zeit für sie reserviert werden.

Aber all das genügt noch nicht – auch die Chemie muss stimmen. Manchmal reichen da schon ein paar Gemeinsamkeiten wie gleiches Alter, ähnliche Situation, Herkunft, Einstellungen oder Interessen. Sie geben uns das Gefühl, mit jemandem auf einer Wellenlänge zu liegen.

Das Paradoxe daran ist, dass sich die Persönlichkeiten von engen Freunden gar nicht so sehr ähneln. Als Teil eines Freundschaftspaares empfinden wir das lediglich so. Entscheidender als die Ähnlichkeit ist die emotionale Nähe, so das Ergebnis einer Reihe von Experimenten an der Harvard University 2010.

---

die Norm	preisgeben	ernüchternd
die Rahmenbedingung	verstoßen gegen (Gesetze,	befremdlich
das Stadium; die Stadien	Normen etc.)	schüchtern
das Kriterium	erwidern	toll
das Selbstwertgefühl	sich Zeit nehmen für	
	zutage fördern	
	Bestand haben	
N	V	A

Wie vielen Menschen können wir uns überhaupt nah fühlen? Jugendliche zählen im Schnitt rund 270 Facebook-Freunde, meldete 2012 der Medienpädagogische Forschungsverbund. Doch das ändert nichts daran, dass ein Mensch meist nur ein bis zwei beste Freunde und höchstens fünf wirklich enge Freunde hat. Eine repräsentative Umfrage im Auftrag der Universität Chemnitz kommt im Schnitt sogar nur auf knapp drei Kontaktpersonen, mit denen wir persönliche Gedanken und Gefühle teilen.

Ein überraschendes Kriterium für die Wahl des »besten Freundes« förderte eine Studie in Tacoma, Washington, zutage. Studenten sollten ein Jahr lang ihre gleichgeschlechtlichen Freundschaften bewerten. Aus der erlebten Nähe, Unterstützung und der Häufigkeit der Kontakte ließ sich berechnen, welche Freundschaften über Jahre hinweg Bestand hatten. Aber nur ein einziger Faktor bestimmte darüber hinaus bei beiden Geschlechtern, wer vier Jahre später als »bester Freund« bezeichnet wurde: das Gefühl, von ihm in der eigenen Identität anerkannt und bestätigt zu werden. Dieser Eindruck entstand zum Beispiel dadurch, dass beide im selben Fußballverein spielten. Es genügte jedoch schon, wenn sie einander in ihren jeweiligen zentralen Rollen respektierten, auch wenn sie sich selbst einer anderen Gruppe zugehörig fühlten. Der Vorteil, den die Betreffenden daraus zogen: ein kräftiges Plus an Selbstwertgefühl. Offenbar wählen wir unsere besten Freunde nicht deshalb aus, weil sie so toll sind, sondern weil sie uns das Gefühl geben, toll zu sein.

1 Lesen Sie den Text einmal ganz (»globales Lesen«).
Lesen Sie anschließend den Text abschnittsweise.

☞ Unterstreichen Sie den wichtigsten Satz.

☞ Markieren Sie die Schlüsselwörter.

☞ Schreiben Sie eine kurze Überschrift für jeden Absatz an den Rand *(siehe Beispiel Z. 6 – 10)*.

2 *Arbeiten Sie zu zweit.* **Notieren Sie jeweils zu zwei Abschnitten Stichwörter auf ein Blatt Papier. Schließen Sie das Buch und halten Sie einen Minivortrag nur mit Hilfe der Stichwörter.**

Partner A: Z. 11 – 22 *(erste und zweite Voraussetzung)*

Partner B: Z. 23 – 34 *(dritte und vierte Voraussetzung)*

3 Fragen stellen.

a) Rechts finden Sie Antworten aus dem Text, zu denen Sie Fragen stellen sollen (Z. 6 – 38). Sie können, müssen aber nicht die angegebenen Verben verwenden.

Frage		Antwort
Wo arbeitet (lehrt, forscht) Beverly Fehr?	a)	An der kanadischen University of Winnipeg.
	b)	Vom Zufall.
	c)	Wenn man gleich beim ersten Treffen viel Persönliches preisgibt.
	d)	Weil es unser Gehirn leichter verarbeiten kann.
	e)	Man muss Zeit für die Freundschaft haben.
	f)	Die Persönlichkeiten von engen Freunden ähneln sich nicht sehr.

b) Schreiben Sie zu jedem Abschnitt der Zeilen 43 – 61 je eine Frage auf einen Zettel. Ihr Lernpartner beantwortet sie. Tauschen Sie die Zettel untereinander aus.

Freundschaft

4 Welche Redewendung aus dem Text passt zum nebenstehenden Bild? Was bedeutet sie? Welche andere Redewendung im Text hat eine ähnliche Bedeutung?

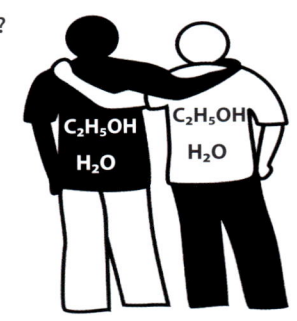

Redewendung _____

ähnliche Redewendung _____

Bedeutung

(handschriftlich oben: Die Chemie stimmt)

5 Lesen Sie den Text zur Grafik. Welche Farben repräsentieren
- ⇨ Freund,
- ⇨ Sonstige,
- ⇨ Familie,
- ⇨ Partner,
- ⇨ Niemand?

Tragen Sie die passenden Bezeichnungen in die Legende ein.

Wo sucht man Hilfe?

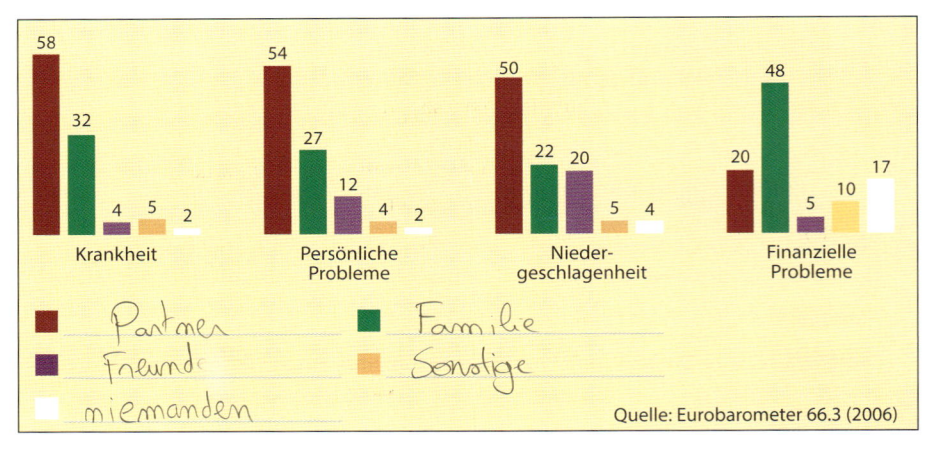

Welche Person jeweils um Hilfe gebeten wird, hängt von der Art der Notlage ab. Bei Krankheit, persönlichen und familiären Problemen sowie bei emotionaler Niedergeschlagenheit wird in erster Linie der Partner um Hilfe gebeten, d. h. die Hilfeleistung findet innerhalb des Haushalts statt. An zweiter Stelle steht die Familie. Erst danach folgen Freunde, die aber weniger bei Krankheit als bei persönlichen Problemen (12 %) und bei Niedergeschlagenheit (20 %) um Hilfe gebeten werden.

Praktisch jeder hat jemanden, den er in diesen Fällen um Hilfe bitten könnte. Anders sieht dies im Falle finanzieller Probleme aus: Immerhin 17 % wissen nicht, wen sie fragen könnten. Um einen Kredit wird in erster Linie die Familie (48 %) und an zweiter Stelle der Partner (20 %) gebeten, gefolgt von anderen, nicht näher benannten Personen. Eine detaillierte Betrachtung zeigt, dass Männer allgemein häufiger von ihren Partnerinnen als umgekehrt Frauen von ihren Partnern Unterstützung erhalten. Für die Frauen ist dementsprechend die Unterstützung durch die Familie wichtiger. Die Freunde sind besonders für junge Menschen wichtig, vor allem wenn sie noch in der Ausbildung sind. Auch Arbeitslose und Geschiedene wenden sich eher an Freunde als an die Familie. Ebenso wie alte Menschen haben sie jedoch häufiger niemanden, auf den sie in den beschriebenen Notlagen zurückgreifen können. Ost- und Westdeutsche zeigen bei den genannten Unterstützungsmustern keine nennenswerten Unterschiede.

Legende (handschriftlich): Partner, Familie, Freunde, Sonstige, niemanden

Quelle: Eurobarometer 66.3 (2006)

6 Welche Informationen werden nicht in der Grafik dargestellt? *(handschriftlich: Ost/Westdeutsche, Beruf, Unterschied zwischen Männern und Frauen, Jugendlichen, alten …)*

7 *Arbeiten Sie zu zweit.* Decken Sie den Text so ab, dass Sie nur die Grafik sehen. Verbalisieren Sie die Grafik.

Die Freunde

Zwei Knaben, Fritz und Ferdinand,
Die gingen immer Hand in Hand,
Und selbst in einer Herzensfrage
Trat ihre Einigkeit zutage.
Sie liebten beide Nachbars Käthchen,
Ein blondgelocktes, kleines Mädchen.

Einst sagte die verschmitzte Dirne:
Wer holt mir eine Sommerbirne,
Recht saftig, aber nicht zu klein?
Hernach soll er der Beste sein.

Der Fritz nahm seinen Freund beiseit'
Und sprach: Das machen wir zu zweit;
Da drüben wohnt der alte Schramm,
Der hat den schönsten Birnenstamm;
Du steigst hinauf und schüttelst sacht,
ich lese auf und gebe acht.

Gesagt, getan. Sie sind am Ziel.
Schon als die erste Birne fiel,

Macht Fritz damit sich aus dem Staube,
Denn eben schlich aus dunkler Laube,
In fester Faust ein spanisch Rohr,
Der aufmerksame Schramm hervor.

Auch Ferdinand sah ihn beizeiten
Und tät am Stamm heruntergleiten
In Ängstlichkeit und großer Hast;
Doch eh er unten Fuß gefasst,
Begrüßt ihn Schramm bereits mit Streichen,
Als wollt' er einen Stein erweichen.

Der Ferdinand, voll Schmerz und Hitze,
Entfloh und suchte seinen Fritze.
Wie angewurzelt blieb er steh'n.
Ach, hätt' er es doch nie geseh'n:
Die Käthe hat den Fritz geküsst,
Worauf sie eine Birne isst.

Seit dies geschah, ist Ferdinand
Mit Fritz nicht mehr so gut bekannt.

Wilhelm Busch

Worterklärungen

verschmitzt	auf lustige Weise schlau, pfiffig
Dirne (veraltet)	Mädchen
auflesen (veraltet)	etwas vom Boden aufheben; aufsammeln
aus dem Staube machen	wegrennen, flüchten
Streiche (veraltet)	Schläge

1 Hören Sie das Gedicht bis Zeile 12 und lesen Sie mit: Es gibt einen Widerspruch, der zur Katastrophe führen muss. Worin liegt er?

2 Hören Sie den Rest des Gedichts. Worin besteht die Katastrophe?

3 Lesen Sie das Gedicht zu dritt:

Partner A spricht Käthchen.

Partner B spricht Fritz.

Partner C spricht den Erzähler.

Trennbare Verben

1 Lesen Sie den Text und füllen Sie die Tabelle unter dem Text aus.

Geheimnisse sichern Freundschaft

In den USA oder Europa verraten Freunde einander oft große Geheimnisse und teilen sich persönlichste Erlebnisse mit. In Japan hingegen bedeutet Freundschaft oft, dass man zum gleichen privaten Netzwerk gehört, dem man persönliche Geheimnisse eher nicht anvertraut. Diesen fundamentalen Unterschied fand jetzt ein amerikanisch-japanisches Forscherteam per Datenerhebung unter Studenten beider Nationen heraus.

»Auf den ersten Blick überrascht es, dass sich in Japan die Menschen auch in Freundschaften kaum öffnen und dem anderen nur wenig von sich erzählen«, sagt Joanna Schug von der Universität Hokkaido. »Aber auch die Japaner wundern sich und fragen sich im Kontakt mit Amerikanern: ‹Warum erzählen die mir das alles über sich?›« Schug und ihre Kollegen untersuchten nun, ob diese grundverschiedenen Verhaltensweisen vielleicht darauf abzielen, Freundschaften über eine lange Zeit aufrechtzuerhalten.

Zur Beantwortung dieser Frage ließen die Forscher Studierende aus Japan und den USA Fragebogen ausfüllen. Die Auswertung ergab, dass die amerikanischen Probanden prinzipiell von einer Instabilität von Freundschaften ausgingen, dass sie aber gleichzeitig ihren Freunden sehr persönliche Details aus ihrem Leben mitteilten. Die japanischen Befragten hingegen sahen ihre Beziehungen zu Freunden und Bekannten als grundsätzlich stabil an. Gleichzeitig lehnten sie es aber mehrheitlich ab, Freunden von ihren persönlichsten Erlebnissen zu erzählen.

Das scheint sich zu widersprechen. Und so verwundert es nicht, dass die Forscher zu dem paradoxen Resultat gelangen: »Obwohl man in den USA sehr viel individualistischer lebt als in Japan, können die Beziehungen zu anderen Menschen in den USA sehr viel intensiver sein als in Japan, wo man eigentlich mehr Wert auf das kollektive »Wir« legt.«

WiwiS	**Trennbare Verben**	
Hauptsatz	**Nebensatz + P II**	**Infinitiv mit zu**
Ich **teile** dir Geheimnisse **mit**. (Infinitiv: mitteilen)	Sie sagt, dass sie ihm Geheimnisse **mitgeteilt** habe. Ich habe dir Geheimnisse **mitgeteilt**.	Sie hält es für normal, Freunden Geheimnisse **mit**zu**teilen**.

Japaner	**US-Amerikaner**
- Vertraute man Geheimnisse nicht an -	• verraten Freunden Geheimnisse • teilen Freunden persönlichste Erlebnisse mit

2 Markieren Sie mit unterschiedlichen Farben alle Verben a) mit trennbarem Präfix, b) mit nicht trennbarem Präfix.

3 Formen Sie – mündlich oder schriftlich – die Sätze mit trennbarem Präfix in zwei Varianten um.

Beispiel **Text:** Sie **teilen** sich persönlichste Erlebnisse **mit.** *(Text)*
Variante 1: Sie **haben** sich persönlichste Erlebnisse **mitgeteilt.** *(Perfekt)*
Variante 2: Es ist wichtig, sich persönlichste Erlebnisse **mitzuteilen.** *(Infinitiv mit zu)*

* Man vertraut sich persönliche Geheimnisse nicht an.
  Man hat sich „ „ „ anvertraut.
  Es ist wichtig, sich nicht anzuvertrauen.
* Sie haben etwas herausgefunden niemanden
  , etwas herauszuf[inden]
* Sie haben es abgelehnt.
  wichtig, es abzulehnen

LV 1

1 Lesevortrag

⇨ **Lesen Sie den Text Ihrem Partner / Ihrer Partnerin vor.** Lesen Sie flüssig: Die unterstrichenen Wortgruppen dürfen nicht auseinander gerissen werden.

⇨ **Kommentieren Sie den Text.** Gehen Sie auf die Punkte ein, die unter dem Text angegeben sind.

⇨ Schließen Sie das Buch. **Hören Sie den Text, den Ihr Partner Ihnen vorliest.**

Text Partner A

Fremde werden Freunde

Das Projekt »Fremde werden Freunde« wurde im Dezember 2002 in Erfurt/Thüringen ins Leben gerufen. Die Hochschulen der Stadt empfangen jedes Jahr etwa 150 neue ausländische Studierende. Während sie an den Hochschulen meist schnell und gut integriert sind, fehlt ihnen häufig der Kontakt zu Einrichtungen und Menschen außerhalb der Hochschulen. Ausgehend von der Tatsache, dass man ein Gastland nur dann wirklich kennen lernen kann, wenn man unmittelbaren Kontakt zu dessen Menschen gewinnt, haben wir ein städtisches Patenschaftsprogramm aufgebaut.

Im Rahmen des Projektes »Fremde werden Freunde« werden ausländischen Studierenden Paten aus der Stadt Erfurt vermittelt. Als Paten beteiligen sich Bürger aller Altersklassen und sozialen Schichten: Familien und Einzelpersonen, Berufstätige und Arbeitslose, Rentner und Jugendliche, Mitglieder verschiedener Parteien und Vereine.

Zum gegenwärtigen Zeitpunkt laufen etwa 226 Patenschaften zwischen Studierenden aus über 60 Ländern und Paten aus Erfurt. In jedem Semester wird ein Begrüßungsabend organisiert, auf dem sich ausländische Studierende und Paten kennen lernen. Ein Höhepunkt für alle Beteiligten ist eine gemeinsame Exkursion pro Semester, um die Kontakte zwischen den ausländischen Studierenden und ihren Erfurter Paten zu festigen sowie das Kennenlernen untereinander zu fördern. Die weitere Zeit gestalten Paten und Studierende dann selbstständig entsprechend ihrer gemeinsamen Interessen. Ein regelmäßiger Treffpunkt ist der Internationale Stammtisch.

⇨ Wie finden Sie die Initiative?
⇨ Was könnten ausländische Studierende und Paten zusammen unternehmen?
⇨ Welche Vorteile hätte die Patenschaft für den a) ausländischen Studierenden und b) (deutschen) Paten?

Text Partner B

Freundschaften im Studium

Freundschaften sind für das Studium sehr wichtig. Der Mensch braucht einen Lebensmittelpunkt, einen Ort, zu dem er sich zugehörig fühlt. Freundschaften steigern das Wohlbefinden und die Lebenszufriedenheit der Studierenden und entschärfen deren Angst vor Einsamkeit und Anonymität im Studium.

Man muss unterscheiden zwischen verschiedenen Kategorien von Freundschaften. Es gibt persönliche Beziehungen im privaten Bereich, Peer-Kontakte, also Freundschaften unter StudienkollegInnen, und schließlich partnerschaftliche Beziehungen. Gerade die Peer-Kontakte zwischen Studierenden des gleichen Studienfachs werden sehr unterschätzt, dabei sind sie besonders wichtig für Wohlbefinden und Arbeitsfähigkeit der Studierenden, wie neuere Untersuchungen ergeben haben. Denn solche Kontakte geben dem Einzelnen das nötige Sicherheitsgefühl und die Gewissheit, ganz dazuzugehören. Die Beziehungen zwischen Studierenden derselben Fachrichtung sind anfangs meist nicht sehr intensiv, aber sie sind studienbezogen. Sie beginnen unverbindlich und locker, können sich durch Sympathie aber zu Freundschaften vertiefen. Entscheidend ist, dass man selbst aktiv wird und nicht darauf hofft und wartet, angesprochen zu werden. Über fachliche Themen kommt man am schnellsten ins Gespräch, weil sie auf gemeinsamen Interessen fußen. Fachfremde Freundschaften bilden sich dagegen eher selten. Die Psychologen, Mediziner, Mathematiker – alle bleiben sie unter sich.

⇨ Was würden Sie tun, um Kontakte zu Kommilitonen Ihres Studienfachs zu knüpfen?
⇨ Was glauben Sie: Ist es in Deutschland oder in Ihrem Heimatland für ausländische Studierende leichter, Freundschaften zu schließen?

2 Weg damit?

A Wie lange nutzen Sie folgende Gegenstände / Kleidungsstücke?

⇨ Füllen Sie die Kästchen aus *(1 Kästchen = 1 Jahr)*.
⇨ Wovon hängt die Nutzungsdauer ab?

Matratze	1 2 3 4 5 6 7 8 9 10 11 12 [13] 14 15
Hose	1 2 3 4 5 6 7 8 9 10 11 12 13 14 15
Drucker	1 2 3 [X] 5 6 7 8 9 10 11 12 13 14 15
Fahrrad	1 2 3 4 5 6 7 8 9 10 11 12 13 14 15
Mobiltelefon	1 2 3 4 5 6 7 8 9 10 11 12 13 14 15
PC/Laptop	1 2 3 4 5 6 7 8 9 10 11 12 13 14 15
T-Shirt	1 2 3 4 5 6 7 8 9 10 11 12 13 14 15

(handschriftliche Notizen: Nachhaltigkeit, Nach Kauf des Geräts, Reparaturservice, Hotline (2J), Nach Verkauf)

B Angenommen, …

… für elektrische Rasierapparate gibt es zwei große Anbieter, die den Markt dominieren, Anbieter A und Anbieter B. Da fast jeder deutsche Mann, der sich trocken rasieren möchte, bereits einen elektrischen Rasierer hat, ist der Markt weitgehend gesättigt, und es gibt kaum noch Möglichkeiten, Trockenrasierer in großer Zahl zu verkaufen. Die durchschnittliche Lebensdauer der Elektrorasierer liegt bei 10 Jahren. Die Umsätze und die Gewinne sinken. Was können A und B tun?

⇨ Teilen Sie den Kurs in zwei Gruppen (Firma A und Firma B).
⇨ Geben Sie Ihrer Firma einen Namen.
⇨ Wählen oder bestimmen Sie einen Aufsichtsratsvorsitzenden (= Gesprächsleiter).
⇨ Sammeln Sie Ideen und Vorschläge, wie der Umsatz für Rasierapparate wieder gesteigert werden kann.

Vorschläge machen	Ich schlage vor, …	Wie wäre es, wenn wir …
	Mein Vorschlag ist / lautet …	Es wäre zu überlegen, ob wir (nicht) …
	Ich möchte vorschlagen, dass …	Wir könnten …

der Verschleiß	verschleißen *(verschliss, ist verschlissen; einem Verschleiß unterliegen)*	kaputt
die Reparatur		unglaublich
der Defekt		zuverlässig
das Ersatzteil	verschrotten	
die Abhilfe *(Lösung)*	seinen Geist aufgeben *(ugs.)*	
	kaputtgehen	

(handschriftliche Notizen: nod debris?, nicht funktionieren)

Weg damit? LV 2

C Lösen Sie das Kompositum »Wegwerfverpackung« auf.

Eine __Verpackung__, die man __wegwirft__

oder: die __Verpackung__ die __weggeworfen__ wird.

(handschriftliche Randnotiz: wegwarf / werfen — warf)

D Das Präfix »Wegwerf« drückt aber in Bildungen mit Nomen mehr aus, nämlich ein *moralisches Urteil*. Umschreiben Sie unter diesem Gesichtspunkt folgende Nominalkomposita. Bei a) und b) sind als Hilfen einige Wörter angegeben, die Sie verwenden können.

a) Wegwerffeuerzeug — ein Feuerzeug, das nicht nachgefüllt werden kann
(leer / nicht nachfüllen)

b) Wegwerfflasche — eine Flasche, die nach Gebrauch nicht wiederzuverwenden ist
(nach Gebrauch / nicht wiederverwenden / wegwerfen)

c) Wegwerfbeziehung — eine Beziehung, die nicht lang hält

d) Wegwerfwindel — eine Windel, die man wegwirft

e) Wegwerfmentalität — die Mentalität, ältere Sachen wegzuwerfen und neue zu kaufen, bevor es nötig oder sinnvoll ist

f) Wegwerfgesellschaft — eine Gesellschaft mit einer Wirtschaftsform, in der viele Waren nur für kurzen und einmaligen Gebrauch produziert werden

Schluss bei Ausdruck 1505

Marcos López ist mit seinem Drucker sehr zufrieden. Bis er eines Tages plötzlich nicht mehr druckt. Marcos beschließt, keinen neuen Drucker zu kaufen. Er wendet sich an den Hersteller. Der verweist ihn an den Kundendienst. Dieser teilt ihm mit, dass eine Reparatur zu teuer sei. Auch in anderen Elektrogeschäften hört er das Gleiche: Reparieren lohnt sich nicht, ein neuer Drucker ist billiger und zudem besser.

Marcos gibt sich nicht damit zufrieden. Der Drucker ist erst zwei Jahre alt. Warum hat der Drucker seinen Geist aufgegeben? Er recherchiert im Internet und erfährt, dass er mit seinem Problem nicht allein ist. Vielen geht es genauso: Die Drucker verschiedener Marken gehen von heute auf morgen einfach kaputt, ohne dass es einen Hinweis auf Schadensbehebung gibt. Marcos recherchiert weiter und findet Unglaubliches.

Stop! Nicht weiterlesen! Was glauben Sie? Was findet Marcos?

Der Drucker hat gar keinen Defekt, die Ingenieure haben einen Chip in den Schaltkreis eingebaut, der die Funktionsdauer des Druckers exakt bestimmt und vorprogrammiert, wann er nicht mehr nutzbar ist.

Marcos Lopez: »Ich habe den Chip gefunden. Es ist ein EEPROM, der die Zahl der Ausdrucke speichert, und wenn die voreingestellte Anzahl erreicht ist, hängt sich der Drucker auf und druckt nicht mehr.« Eine Freeware eines russischen Programmierers verspricht Abhilfe. Marcos installiert das Programm, mit dem der eingebaute Chip überlistet und die Anzahl der Ausdrucke auf Null zurückgesetzt werden soll. Und tatsächlich: Es funktioniert, der Drucker druckt zuverlässig wie zuvor.

Weg damit?

1. Hören

Nach dem ersten Hören sollten Sie die Gliederung des Vortrags vervollständigen und »Obsoleszenz« und die drei Formen der Obsoleszenz definieren können.

> **Hörtext: Obsoleszenz: Produktion für den Müll?**
> Vortrag, 770 Wörter
> Es werden Strategien der Obsoleszenz vorgestellt, die alle das Ziel haben, gekaufte Produkte möglichst schnell durch neue zu ersetzen.

1 Vervollständigen Sie nach dem 1. Hören die Gliederung des Vortrags.

A Einleitung
B 1. Funktionelle Obsoleszenz
   2. Qualitative Obsoleszenz
      a) Minderwertige Bauteile angebaut werden
      b) So monotieren, dass die Reparatur nicht lohnt
   3. Psychologische Obsoleszenz
   4. Argumente für und gegen Obsoleszenz

2 Ergänzen Sie die Definitionen.

Man spricht von

a) **Funktionellen Obsoleszenz**, wenn ein Gerät veraltet und durch ein neues ersetzt wird, weil das Neue besser ist oder mehr Funktionen hat

b) **Qualitativer Obsoleszenz**, wenn ein Gerät kaputtgeht, weil die Lebensdauer verkürzt wird

c) **Psychologischer Obsoleszenz**, wenn ein Produkt ersetzt wird, weil es nicht mehr modern ist

2. Hören

Nach dem 2. Hören sollten Sie erklären können, welche Form der Obsoleszenz bei den abgebildeten Geräten angewendet wird und wie sie funktioniert.

3 Notieren Sie in Stichpunkten, welche Informationen Sie zu den Geräten / Produkten erhalten.

(Kleid)	sieht nicht mehr cool aus / Die Mode sich verändert
(Mixer)	kleine Zahnräder: geht schneller kaputt (nach BGH) bei Netteil: 10 Jahre lange halte werden Kunststoffteile statt Metal.

Definieren	**Erläutern**	**Zusammenfassen**
Von X spricht man, wenn .. Darunter versteht man ... Unter X versteht man ... X bedeutet ...	Das heißt, ... / Das bedeutet zum Beispiel / beispielsweise Folgende Beispiele verdeutlichen	Zusammenfassend lässt sich feststellen Als Fazit kann man also sagen Ich fasse noch einmal das Wichtigste zusammen:

 [PC]	3D, nicht realistisch mehr / schwache Elkos zu hören
 [Spülmaschine]	über 100 € bezahlen für ein Ersatzteil
 [iPod]	muss geworfen werden, weil man das Akku nicht austauschen kann / nicht mehr / nicht austauschbar. Akku kaputt → nicht zu gebrauchen

4 Welche Argumente haben die Befürworter, welche Argumente haben die Gegner der Obsoleszenz?

Befürworter: Durch ständige Evolutionen: besser, schneller (Fortschritt), effizientere Arbeitsplätze erhalten / geschaffen werden

Gegner: Mengen verschwinden / Umwelt belastet wird
Großstoffverschwendung — extreme Umweltbelastung

Nach dem Hören

Bei einem Vortrag wird in der Regel den Zuhörern ein »Handout« zur Verfügung gestellt. Ein Handout kann die **Gliederung des Vortrags** und **die wichtigsten Thesen** enthalten. Manchmal werden auch **Statistiken** oder Informationen mit aufgenommen, die im Vortrag nicht erwähnt werden, aber für das Thema interessant sind. Sinnvoll ist es auch, **Definitionen** und **Zahlen** in das Handout mit aufzunehmen, da sie in geschriebener Form leichter zu verstehen und zu behalten sind.
Das Handout unterstützt den Vortrag und hilft den Zuhörern, sich im Vortrag zu orientieren.

5 Erstellen Sie ein »Handout« für den Vortrag. Drucken Sie das Handout aus. Orientieren Sie sich an dem nebenstehenden Muster.

6 Im Vortrag fehlt eine **Zusammenfassung** am Schluss. Für eine gute Präsentation ist das aber wichtig.
Schreiben Sie die fehlende Zusammenfassung. Verwenden Sie die Redemittel »Zusammenfassen« im Kasten auf S. 20 unten.

Handout

TU Darmstadt — Michèle Mystère
Kurs C1 — 30. Februar 2014
Frau Epple

Produktion für den Müll?

1. Funktionelle Obsoleszenz: _____
2. Qualitative Obsoleszenz: _____
   a) _____
   b) _____
3. _____
4. _____

die Lebensdauer die Innovation die Schwachstelle das Bauteil der Produktzyklus der Umsatz (Plural: Umsätze)	veralten ersetzen austauschen vorzeitig minderwertig funktionell	 Elektrolyt- kondensatoren (ELKOS)	 das Zahnrad	 der Geschirrkorb (bei Spülmaschinen)

A Sprechen Sie über die Fotos und über das, was beide verbindet.

1 Der Artikel hat den typischen Aufbau einer (informativen) Reportage. **Beschreiben Sie den Aufbau.**

2 In Z. 22 heißt es »Es ist ein verbotenes Geschäft.«
- Um was für ein Geschäft handelt es sich?
- Von dem Geschäft heißt es, dass es **verboten** und **unmoralisch** sei und dass **es floriere** (Z. 22 – 24). Sammeln Sie stichwortartig Informationen zu diesen drei Charakterisierungen.

verboten	...
unmoralisch	...
floriert	...

3 *Der Autor der Reportage hat Personen interviewt, Statistiken studiert und andere Zeitungsartikel gelesen und daraus seine Reportage geschrieben. Ein Interview, das er mit Mike Anane gemacht hat, hat er nicht verwertet (B). Außerdem hat er eine wichtige Statistik erst nach der Veröffentlichung seiner Reportage entdeckt (A).*

Ergänzen Sie die Informationen aus der Statistik A und dem Interview B.
- Überlegen Sie, wo die neuen Textpassagen eingefügt werden könnten.
- Schreiben Sie beide Texte. Versuchen Sie, den Stil der Reportage zu imitieren (direkte Rede, indirekte Rede, eigene Beschreibungen und Bewertungen). Wählen Sie **die wichtigsten** Informationen aus den Quellen aus.

Aufbau des Textes

Vergiftete Flammen

Bevor er sich über das Feuer bückt, hält er die Luft an und zieht sich das Polohemd vor die Nase. Dann schlägt Steven Nkrumah mit einem dünnen Holzstiel auf den lodernden Haufen zu seinen Füßen. Das Feuer zischt, grüne und gelbe Funken sprühen in den Flammen.

Sein Feuer darf nicht ausgehen. Es ist nicht das einzige hier in Agbogbloshie, einem Marktviertel in Accra, Ghana, das eingehüllt ist in schwarzen Rauch und Gestank. In Agbogbloshie, der Müllhalde. Die Flammen lassen die Plastikisolierungen der Kupferkabel schmelzen, die der 12-jährige Steven in sein Feuer gelegt hat. Die Kupferkabel stammen aus einem Computermonitor, der einmal in einem Kölner Büro gestanden hat. Das Kupfer wird Steven später an Metallhändler verkaufen. Ein Kilo bringt etwas mehr als einen Euro. Manchmal bekommt er das an einem Nachmittag zusammen, mal dauert es zwei Tage. Das hängt davon ab, wie viel Elektroschrott aus Europa und den USA über Nacht in Agbogbloshie landet.

Weniger als ein Drittel wird ordnungsgemäß entsorgt. Es ist ein verbotenes Geschäft. Es ist auch unmoralisch, weil es Menschen, die arm sind, auch noch krank macht. Und es floriert. Rechnerleistungen verdoppeln sich alle zwei Jahre, Flachbildschirme

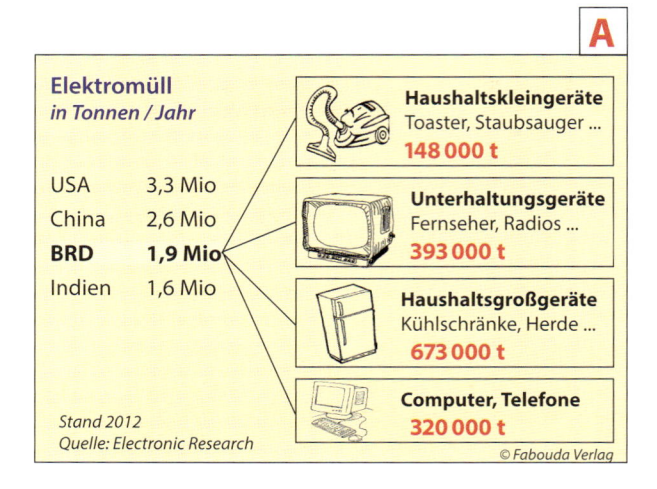

A

Elektromüll
in Tonnen / Jahr

USA	3,3 Mio
China	2,6 Mio
BRD	**1,9 Mio**
Indien	1,6 Mio

Haushaltskleingeräte
Toaster, Staubsauger ...
148 000 t

Unterhaltungsgeräte
Fernseher, Radios ...
393 000 t

Haushaltsgroßgeräte
Kühlschränke, Herde ...
673 000 t

Computer, Telefone
320 000 t

Stand 2012
Quelle: Electronic Research
© Fabouda Verlag

22

Weg damit?

verdrängen Röhrenmonitore, und neue Internet-Handys lassen die Modelle vom Vorjahr alt aussehen.

2005 wurden Gesetze erlassen, die die Entsorgung regeln, die Rohstoffe retten und Giftstoffe minimieren sollen. Aber für die Firmen ist das mit zusätzlichen Kosten verbunden. Sie wählen immer häufiger den billigen Weg: Sie deklarieren den Elektroschrott als Handelsware und exportieren ihn nach Indien, China und Westafrika.

Steven schaut auf den verrußten Boden, der mit alten Leiterplatten, Plastiksplittern und angebrannten Computerverkleidungen übersät ist. Er hustet krampfartig. Seine Augen sind rot, seine Lymphknoten geschwollen. Was er täglich einatmet, ist ein Giftcocktail. Die Zutaten: das Nervengift Blei, krebserregendes Kadmium, Dioxine und vieles mehr.

Greenpeace hat vor einigen Wochen Bodenproben auf der Müllhalde entnommen. Die Konzentration von Blei und Kadmium lag um das Hundertfache über dem Normalwert. Auch hohe Werte an chlorierten Dioxinen wiesen die Proben nach. Viele der Chemikalien seien hochgiftig, sagt Kevin Bridgen, der Leiter der Studie. »Sie können Nervensystem, Gehirn und das sich entwickelnde Fortpflanzungssystem schädigen.«

Der Fluss Odawana durchzieht das Viertel. An dem einen Ufer stapeln sich die Kochbananen und Maniokwurzeln der Marktleute, am anderen Computergehäuse und zerschlagene Bildröhren – und bei jedem Regen sickern aus diesem Schrott Schwermetalle in den Boden.

Trotz Verbot werden laut Greenpeace weltweit jedes Jahr bis zu 50 Millionen Tonnen Elektroschrott exportiert, mehr als zwei Drittel davon in Entwicklungsländer. Das liegt auch daran, dass die Kontrolle schwierig ist. So werden in Deutschland die Recycling-Fachbetriebe zwar regelmäßig überprüft – aber die Schrottsammler, deren Handzettel an tausenden Haustüren kleben, selten. Ein Teil der Händler verschifft die Altgeräte dann um die halbe Welt, während der europäische Zoll nur stichprobenartig kontrolliert. Abgesehen davon, dass man den meisten Rechnern von außen sowieso nicht ansieht, ob sie brauchbar sind.

Der Junge trägt eine Plastiktüte, aus der eine Aluminiumplatte lugt. Es ist Steven. Am Vormittag hat er noch Kupferdrähte verbrannt. Nun findet er kein Kupfer mehr, also sammelt er Aluminium. Jeden Morgen gegen sechs Uhr kommt er auf den Schrottplatz. Zur Schule kann er nicht gehen, weil die Familie nicht das Geld hat für Bücher und Schulessen. Vier Jungen ziehen mit einem Karren voller Monitore und Fernseher vorbei.

Steven läuft ihnen hinterher. Sie gehen zu den Feuern. Jeder Junge greift sich ein altes Elektrogerät, für Steven bleibt ein klobiger Philips-Fernseher. Mit voller Kraft schleudert er ihn vom Karren. Dann schmettert er einen Stein, so groß wie sein Kopf, gegen den Bildschirm. Es kracht und klirrt. Partikel wirbeln durch die Luft. Dass er gefährlich ist, Blei und Kadmium enthält, weiß Steven nicht. Er schleudert den Stein nochmal gegen den Fernseher, dann rüttelt er mit seinen Händen so lange an der Verkleidung, bis er das Plastik abgebrochen hat. Nach fünf Minuten ist der Fernseher komplett zerlegt. Was ihm bleibt, ist ein Aluminiumrahmen, keine 50 Cent wert. Keine gute Ausbeute. Aber morgen kommt er ja wieder. Nur sonntags geht er nicht zum Schrottplatz. Dann ist er morgens in der Kirche und nachmittags am Boola Beach, erzählt er. Das ist der Strand, an dem der Odawana ins Meer fließt. Boola bedeutet Müll.

Interview mit Mike Anane

Wann haben Sie begonnen, sich für den Elektroschrott in Agbogbloshie zu interessieren?

Vor sieben, acht Jahren habe ich immer Lastwagen mit alten Computern und Fernsehern hierher fahren sehen. Seitdem beschäftige ich mich mit dem Giftmüll, der aus Europa und den USA zu uns kommt. Wir gehen unter in Lawinen von Elektroschrott. Wir haben in Ghana kein Recycling-System für die hochgefährlichen Stoffe, die regelmäßig hier ankommen.

Wer bringt den Elektroschrott nach Agbogbloshie?

Es sind vor allen Dingen private Recycling-Firmen aus den Industrieländern. Bei euch behaupten sie, sie würden Müll zwecks Wiederverwertung sammeln. Aber das tun sie gar nicht. In Wahrheit verpacken sie die Geräte auf Schiffe und schicken sie nach Ghana.

Mike Anane, unabhängiger Umweltjournalist, befasst sich seit acht Jahren mit Elektromülltransporten. Er ist Präsident des Afrikanischen Netzwerks von UmweltjournalistInnen. Mike Anane wurde für seine Verdienste zum Schutz der Umwelt von den Vereinten Nationen ausgezeichnet.

Aber das ist doch illegal.

Ja, aber das wird natürlich nicht als Müll deklariert. In den Frachtpapieren steht vielmehr, dass es sich um voll funktionsfähige Secondhandware handelt. Das ist aber Quatsch! 80 Prozent von diesen ganzen Geräten sind Schrott und verseuchen unser ganzes Land. Schauen Sie sich diesen Fluss hier an. Odawana. Der ist seit Jahren tot, vergiftet. Und die Regierung unternimmt nichts.

Satzstellung im Mittelfeld

1 Tragen Sie den folgenden Satz in die Satzstellungsstruktur ein.

vor einigen Wochen / entnommen / auf der Müllhalde / hat / Greenpeace / Bodenproben

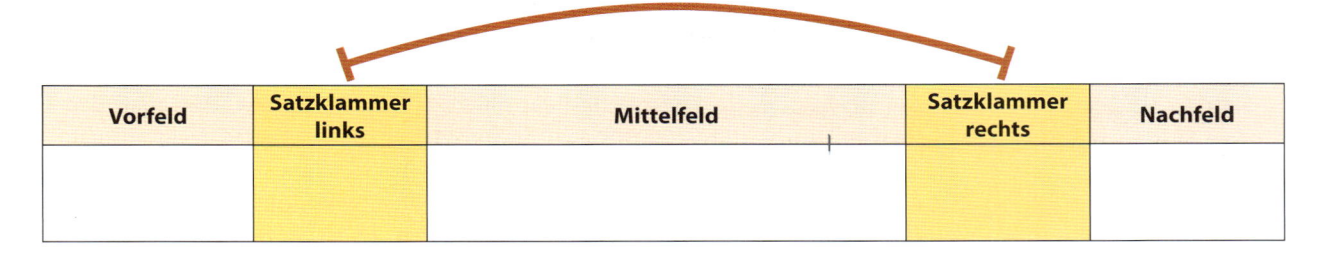

Vorfeld	Satzklammer links	Mittelfeld	Satzklammer rechts	Nachfeld

Die Angaben im **Mittelfeld** *(vor einigen Wochen – Bodenproben – auf der Müllhalde)* sind verschiebbar. Es hängt von der Aussageabsicht und vom Kontext ab, wohin man sie setzt. Es gibt also keine festen Regeln, es lassen sich nur Tendenzen feststellen.

Auch das Subjekt »Greenpeace« kann im Mittelfeld stehen. Probieren Sie einige Varianten aus. Ändert sich der Sinn des Satzes durch die Satzstellung?

▶ GR S. 118

2 Schreiben Sie die Sätze auf und berücksichtigen Sie dabei die angegebene Tendenz.

Tendenz 1: Das Subjekt steht im Mittelfeld an erster Stelle.

(Hauptsatz): manchmal / er / ein Kilo / an einem Nachmittag / sammelt

Manchmal _____

(Hauptsatz – Nebensatz): immer häufiger / aus den Industrieländern / der Elektroschrott / auf den Müllkippen Afrikas / landet , hier / billiger / die Entsorgung / weil / ist

Immer häufiger _____

Tendenz 2: Das Dativobjekt steht vor dem Akkusativobjekt.

der Elektronikschrott / die Gesundheit / dem Jungen / ruiniert / hat

Der Elektronikschrott _____

Tendenz 3: Pronomen stehen vor Nomen.

bringen / das Gerät / möchte / zur Reparatur / ich / ihnen.

_____

Tendenz 4: Bekannte Informationen stehen vor neuen Informationen.

Er brachte den Fernseher zur Reparatur.
Der Händler sagte ihm, kann / dass / erst in zwei Wochen / er / das Gerät / reparieren

Der Händler sagte ihm, _____

Tendenz 5: Rechts im Mittelfeld stehen Angaben und Ergänzungen, die man betonen möchte.

beispielsweise / über 100 Euro / als Ersatzteil / bezahlen / muss / für den Geschirrkorb einer Spülmaschine / man

[»über 100 Euro« soll betont werden]

Beispielsweise _____

Kausalsätze

GR 2

Gründe für die Verschrottung

Früher wurden Geräte aufgrund technischer Defekte verschrottet. Heute stehen häufig andere Ursachen für Verschrottung im Vordergrund. Geräte werden verschrottet

- wegen fehlender oder überteuerter Ersatzteile oder weil Ersatzteile nicht mehr zur Verfügung stehen;
- weil die Geräte nicht mehr repariert werden können oder aufgrund hoher Reparaturkosten;
- da neuere Geräte besser ausgestattet sind oder infolge des psychologischen Verschleißes;
- mangels ausreichender Reparaturmöglichkeiten vor Ort oder weil der Verbraucher keine Kenntnisse über das Gerät hat

1 Markieren Sie mit unterschiedlichen Farben a) die Subjunktionen mit kausaler Bedeutung, b) die Präpositionen mit kausaler Bedeutung.

2 Ergänzen Sie in dem GR-Kasten die Lücken. Verwenden Sie unterschiedliche Subjunktionen und Präpositionen.

Nominalstil: Kausalsätze	
aufgrund _____ Ausstattung der neuen Modelle	_____ neuen Modelle besser _____ sind
_____ des psychologischen _____ Mobiltelefone	**denn** die Mobiltelefone verschleißen
mangels _____	_____ es _____ lieferbaren Ersatzteile gibt
kausale Präposition + Nomen + Genitivattribut / Präpositionalattribut	kausale Subjunktion / Konjunktion + Verb

3 Schreiben Sie die nominale Form mit *aufgrund, infolge, wegen, dank, mangels*.   ▶ GR S. 117

Das Gerät ging kaputt,

a) weil es *nicht* ausreichend gepflegt wurde _____

b) denn eine Schwachstelle wurde eingebaut _____

c) weil es unsachgemäß gebraucht wurde _____
  (Erklärung: Diese Phrase können Sie in vielen Garantieerklärungen finden.)

Giftmüll wird exportiert,

d) weil die Kosten geringer sind _____

Der Skandal wurde aufgedeckt,

e) weil ein Journalist monatelang recherchiert hatte _____

Alternativen zu müssen + können

Was Mike Anane fordert

Man kann etwas unternehmen, um den Giftmüllexport zu stoppen. Politiker, Hersteller und Verbraucher haben daran mitzuwirken, denn sie sind verantwortlich für die Giftmülltransporte nach Ghana. Entscheidend ist der Wille. Leider ist festzustellen, dass der oftmals fehlt. Die Menschen in Europa müssen den Elektroschrott selbst recyceln. Aufgrund ihres Reichtums sind sie in der Lage, die Kosten für die Entsorgung ohne Probleme aufzubringen. Die Politiker haben strengere Maßnahmen an den Grenzen durchzusetzen. Nur so sind die illegalen Schrotttransporte zu verhindern. Die Hersteller haben die Kosten für die Entsorgung des Elektroschrotts selber zu bezahlen. Sie sind zu zwingen, keine giftigen Materialien in den Elektrogeräten zu verwenden, so dass sich die Geräte einfacher entsorgen lassen.

Die Verbraucher sollten vor jedem Kauf eines neuen Gerätes zweimal überlegen, ob sie das Gerät brauchen. Sie sollten prüfen, ob defekte Geräte reparierbar sind. Mit all diesen Maßnahmen ließen sich die Probleme lösen.

WiwiS	Alternativen zu *müssen* + *können*
müssen	
müssen kontrolliert werden	**sind zu** kontrollieren
müssen bezahlen	**haben zu** bezahlen / sind **verpflichtet, zu** bezahlen
können	
kann gelöst werden	**ist zu** lösen / **lässt sich** lösen / ist lös**bar**

1 Markieren Sie im Text mit unterschiedlichen Farben alle Ausdrücke, die die Modalverben »können« und »müssen« umschreiben oder ersetzen.

2 Ersetzen Sie die Ausdrücke für »müssen« und »können« im Text durch Alternativen.

Wortbildung

1 Welche Verben mit zer- passen? Schreiben Sie die Verben unter die Bilder.

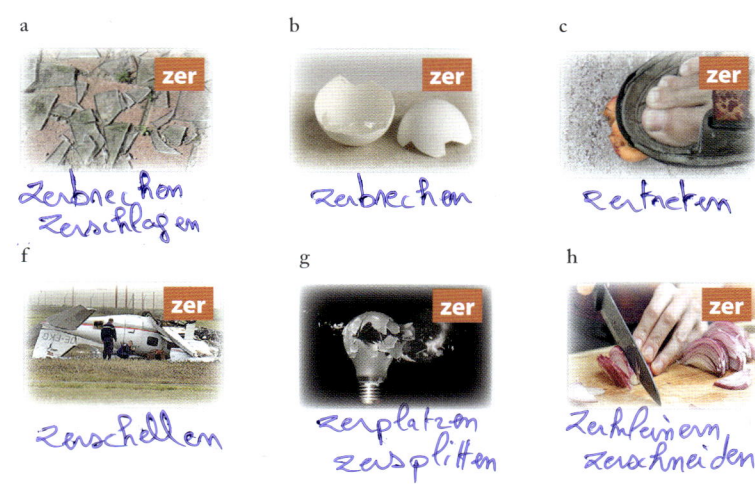

a) zerbrechen / zerschlagen
b) zerbrechen
c) zertreten
d) zerkratzen
e) zertrümmern
f) zerschellen
g) zerplatzen / zersplittern
h) zerkleinern / zerschneiden
i) zerreißen
j) zermahlen

2 »zer-« = Gewalt. Ergänzen Sie Verben mit »zer-« in den Sätzen. Die Verben mit »zer-« in den blau markierten Sätzen haben auch eine übertragene Bedeutung.

a) Voller Wut habe ich den Test _zerrissen_ und danach meinen Bleistift _zerbrochen_.

b) Die Polizei _zerschlägt / zerschlug_ eine kriminelle Organisation. – Er wollte eigentlich in Köln studieren. Aber seine Pläne haben sich _zerschlagen_.

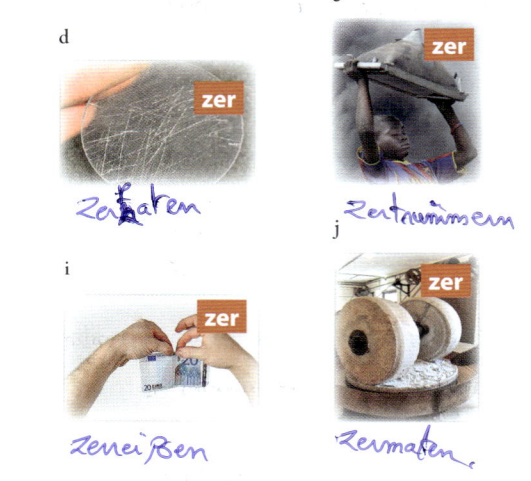

Hauptbedeutung Präfix **zer-**	
Bedeutung	**Beispiele**
beschädigen, kaputt machen	zerreißen, zerkratzen, zerbrechen, zerfließen, zerkleinern, zerplatzen, zersplittern, zerkochen, zermahlen, zerschellen, zerschlagen, zerstreiten, zertreten, zertrümmern

Präfix »zer-« & »ver-«

GR 2

c) Nach 90 Minuten waren die Kartoffeln ____zermacht____. Voller Wut ____zerschlug____ ich den Kochtopf mit einem Hammer und warf den Teller auf den Boden, sodass er ____zerbrach____. – An diesem Konflikt ist ihre Freundschaft ____zerritten / zersplittert____.

d) Die Dornen haben meine Beine ____zerkratzt____. Voller Wut habe ich den Rosenstrauch ____zertreten____.

3 Welche Verben mit »ver-« passen? Schreiben Sie die Verben unter die Abbildungen.

a) Was bedeutet «geplante Obsoleszenz»? Beispiel 1: ... Beispiel 2: ... **ver**

b) Sehr geehrter Herr Mllüer, leider habem Sie auf mienen letztn Breif nicht geatnw **ver**

c) **ver**

d) **ver**

e) **ver**

f) **ver**

g) **ver**

Hauptbedeutungen Präfix **ver–**	
Bedeutung	**Beispiele**
1. Handlung vollständig beendet	verdoppeln, verbinden, verdrängen, verbrennen, verblühen
2. falsch, verkehrt	verkleiden, verrechnen, verlaufen
3. a) machen zu b) werden zu	a) veröffentlichen, verdeutlichen b) veralten, verarmen
4. fort, weg	verreisen, vertreiben, verjagen, verschiffen

4 Lesen Sie die folgenden Sätze, in denen Verben mit »ver-« bzw. deren Nominalisierung vorkommen. Entscheiden Sie, welche Bedeutung (1. – 4.) zutrifft. Schreiben Sie die passende Ziffer in die Klammer hinter den Sätzen. Wenn keine der Bedeutungen zutrifft, schreiben Sie ein X.

a) Jedes Jahr werden in Deutschland 10,6 Millionen Tonnen *Verpackungs*müll produziert. ( )
b) »*Verzeihung* ( ), können Sie mir sagen, wie ich zur Uni komme? Ich glaube, ich habe mich *verlaufen*. ( )
c) Bei 100 Grad *verdampft* Wasser ( ).
d) »Die Suppe ist ja total *versalzen* ( )!«
e) »Du wirst auch mit Schönheitsoperationen dein Gesicht nicht mehr *verjüngen* ( ) können«.
f) Ich habe mein Visum um 2 Jahre *verlängert* ( ).
g) Ich muss meinen Arzttermin *verschieben* ( ).
h) Ich habe viel Zeit *verloren* ( ) und muss jetzt *versuchen* ( ), das Studium zu *verkürzen*. ( )

5 »ver« oder »zer« – Welches Präfix passt?

a) »So ist das nicht gewesen. Du _____ fälschst die Geschichte.«

b) » Wefwefmentatlität? Ich glaube, du hast dich _____ schrieben.«

c) »Könntest du bitte das Holz _____ sägen? Es passt nicht in den Ofen.«

d) »Seien Sie mir bitte nicht böse, aber diese Schönheitsoperation hat Sie weder _____ jüngt noch _____ schönert, sondern Ihr Gesicht _____ furcht und _____ knittert, Ihre Nase _____ knautscht und die Augen _____ kleinert. Ihre Gesichtszüge _____ fließen und Ihre Mimik ist _____ steinert.

Es ist leichter, einen Atomkern zu zertrümmern als ein Vorurteil.
Albert Einstein

HURRA WiR VERBLÖDEN

3 Ich habe gehört, ihr wollt lernen

Bertolt Brecht: Ich habe gehört, ihr wollt ~~nicht~~ **lernen**

Ich habe gehört, ihr wollt ~~nicht~~ lernen.
Daraus entnehme ich: ihr seid Millionäre.
Eure Zukunft ist gesichert – sie liegt
Vor euch im Licht. Eure Eltern
Haben dafür gesorgt, daß eure Füße
An keinen Stein stoßen. Da mußt du
~~nicht~~ lernen. So wie du bist,
Kannst du bleiben.

Sollte es dann noch Schwierigkeiten geben, da doch die Zeiten
Wie ich gehört habe, unsicher sind
Hast du deine Führer, die dir genau sagen
Was du zu machen hast, damit es euch gut geht.
Sie haben nachgelesen bei denen
Welche die Wahrheiten wissen,
Die für alle Zeiten Gültigkeit haben
Und die Rezepte, die immer helfen.

Wo so viele für dich sind,
Brauchst du keinen Finger zu rühren. = man braucht nix zu machen. Muss sich doch anstrengen
Freilich, wenn es anders wäre,
nämlich Müßtest du lernen.
1932

1 Lesen Sie das Gedicht. In den gelben Kästen fehlt jeweils das gleiche Wort. Welches?

2 Um dieses Gedicht zu verstehen, sollten Sie

a) wissen, worauf sich **daraus** (Z. 2) bezieht: ihr wollt nicht lernen

b) einen **Konditionalsatz** ohne »wenn« in der zweiten Strophe entdecken: Wenn es dann noch Schwierigkeiten gibt, hast du deine Führer.

c) wissen, worauf sich **Sie** (Z. 13) und **Die** (Z.15) beziehen: Führer — Wahrheit

d) wissen, worin der Unterschied zwischen Indikativ und Konjunktiv II besteht: Ein Satz im Indikativ ist real, ein Satz im Konjunktiv II ist unreal/irreal.

3 Satzzeichen (z.B. Kommas, Punkte) sind wichtig für das Verstehen von Sätzen ist. Brecht setzt aber am Ende einer Zeile keine Satzzeichen und beginnt eine neue Zeile jeweils mit großgeschriebenen Wörtern. Setzen Sie die fehlenden Satzzeichen und lesen Sie dann das Gedicht laut.

4 Betonungen. Markieren Sie, welche Wörter Sie in den Zeilen 9 – 16 betonen würden. Lesen Sie die Strophe anschließend laut. Hören Sie das Gedicht von der CD und vergleichen Sie mit Ihren Betonungen.

5 Wer sind »ihr«? Ergänzen Sie passende Relativsätze aus dem Gedicht.

Ihr, das sind Millionäre, Menschen,

deren Zukunft _gesichert ist_

deren Eltern _dafür gesorgt haben, dass ihre Füße an keinen Stein stoßen._

denen bei Schwierigkeiten _ihre Führer genau sagen, was sie zu machen haben._

für die _Wahrheiten für alle Zeit Gültigkeit haben_ ~~so viele sind~~

und die deswegen _keinen Finger zu rühren brauchen_

6 *Es ist anders.* Schreiben Sie das Gedicht um.

> Nein, wir wollen lernen.
> Daraus kannst du entnehmen: ich bin kein ...

7 *Wirklich – nicht wirklich:* Was ist im Gedicht wirklich, was ist nicht wirklich?
Ironie – Sarkasmus: Schlagen Sie die Bedeutung der beiden Begriffe nach. Ist das Gedicht ironisch oder sarkastisch?

8 Suchen Sie sich ein Sprichwort aus und schreiben Sie Ihre Gedanken dazu in einem kurzen Text auf.

> *Was Hänschen nicht lernt, lernt Hans nimmer mehr.*

> *Die Autorität des Lehrers schadet oft denen, die lernen wollen. (Marcus Tullius Cicero)*

> *Die Geschichte lehrt dauernd, aber sie findet keine Schüler. (Ingeborg Bachmann)*

> *Das Erlernen einer neuen Sprache ist das Erlernen einer neuen Denkweise.*

Kultur / Logik / Grammatik.

---

1 Der Text auf der nächsten Seite »**Denken, bewegen, lernen**« stellt verschiedenen Thesen auf und belegt sie mit wissenschaftlichen Experimenten oder Studien.

Lesen Sie den Text einmal ganz.

⇨ Ordnen Sie dem Text die Experimente / Studien **Ex 1 – Ex 6** zu. Schreiben Sie die passende Ziffer in die Kästen ▢.

Erste Gedanken zum Text
1. Hat der Text mir etwas Interessantes mitgeteilt? J̶ N
2. Habe ich verstanden, worum es in dem Text geht? J̶ N
3. Konnte ich den Textaufbau erkennen? Wodurch? J̶ N
4. Was möchte der Autor erreichen?
5. Welche Meinung hat der Autor?

⇨ Sprechen Sie mit Ihrem Lernpartner über die »ersten Gedanken zum Text«.
⇨ Ordnen Sie dem Text die Abbildungen zu. Schreiben Sie die Zeilen unter die Abbildungen.

2 Lesen Sie den ganzen Text **im Übungsbuch** abschnittsweise.
⇨ Markieren Sie in jedem Abschnitt den wichtigsten Satz.
⇨ Markieren Sie anschließend in jedem Absatz das wichtigste Wort (»Themenwort«) mit einer anderen Farbe.
⇨ Schreiben Sie eine Überschrift für den Absatz an den Rand.

3 Ergänzen Sie mit den Informationen des Textes die Beschreibungen der Abbildungen 1, 2 und 3 auf S. 31 *(im Kursbuch)*.

Ich habe gehört, ihr wollt lernen

Denken, bewegen, lernen

Wie heißt das deutsche Wort für »precondition«? Martha denkt angestrengt nach. Sie legt ihre Stirn in Falten. Sie kratzt sich am Kopf. Es fällt ihr nicht ein. Sie rutscht nervös auf dem Stuhl herum. Sie reibt sich das Kinn. Plötzlich schlägt sie sich mit der flachen Hand gegen die Stirn: Natürlich! »Voraussetzung«.

In der Regel wird Denken für eine abstrakte, vom Körper losgelöste Fähigkeit gehalten. Wir denken schließlich nicht mit Armen und Beinen, sondern mit unserem Gehirn, so glauben wir. Marthas Problem mit der Vokabel zeigt aber, dass der Körper eine aktive Rolle beim Denken spielt. Ihre Bewegungen spiegeln Denken wider und scheinen es gleichzeitig zu unterstützen und zu kommentieren.

Experimente von Neurowissenschaftlern zeigen, dass der Körper einen viel größeren Einfluss auf das Denken ausübt als bisher angenommen. [6] Fließende Bewegungen, so schlussfolgerten die Forscher, fördern den Fluss der Gedanken.

Auch der Tastsinn beeinflusst das Denken. [3]

Die experimentell gewonnenen Erkenntnisse konnten auch mit den Methoden der Gehirnforschung bestätigt werden. Denn wenn wir über etwas nachdenken, sind oft dieselben Bereiche des Gehirns aktiv, die Bewegungen steuern oder Farben und Formen wahrnehmen. [2]

Dass man in diesem Bereich neuronale Aktivitäten messen kann, deutet darauf hin, dass wir sofort an einen typischen Bewegungsablauf denken, der mit dem Hammer vollzogen wird: Die Bewegung wird im Geiste ausgeführt. Dabei ist es sogar unerheblich, ob wir ein Objekt sehen oder nur von ihm erzählt bekommen – das Netzwerk um den PMC wird immer aktiviert. Wahrnehmen, nachdenken, handeln – diese Funktionen sind im Gehirn nicht klar voneinander abzugrenzen, sondern stehen miteinander in Verbindung. Es gibt nicht jeweils eine Region, mit der wir sehen, eine andere, mit der wir über Gesehenes nachdenken und eine dritte, in der unsere Reaktion darauf gesteuert wird.

Nun beschäftigen wir uns aber nicht den ganzen Tag mit handfesten Dingen wie Werkzeugen. Wir verbringen sehr viel Zeit damit, über sehr abstrakte Dinge wie Freundschaft oder Moral nachzudenken. Aber auch abstraktes Denken wird von unserer Bewegung im Raum beeinflusst. [1] Wir verknüpfen also Bewegungen und Orientierungen im Raum mit abstrakten Vorstellungen.

Andere Experimente untersuchten, wie moralische Urteile und Bewertungen wie Ehrlichkeit, Zuverlässigkeit und Intelligenz in unserer Vorstellung räumlich verankert sind. [5] Eine Erklärung dafür könnte sein, dass die Probanden meistens Rechtshänder waren: Rechtshänder finden im Durchschnitt Dinge zu ihrer Rechten besser, bei Linkshändern ist es andersherum.

Neueste pädagogische Ansätze versuchen nun auch, Bewegungen in das Lernen von Fremdsprachen einzubeziehen. Unser Körper beeinflusst nämlich nicht nur Denkprozesse, wir verwenden ihn auch als Hilfsmittel zum Denken und Lernen. Für fast alle Kinder der Welt ist die Hand die erste Rechenmaschine – wenn sie zählen und rechnen lernen, gebrauchen sie dabei die Finger. Große Beachtung bei Fremdsprachenlehrern fanden Studien, die zeigen, dass Vokabeln und auch ganze Sätze besser behalten werden, wenn sie mit Bewegungen verbunden werden. [4]

Wie können diese Lernerfolge erklärt werden? Lange Zeit gingen Forscher davon aus, dass Wörter in einer Art »mentalem Lexikon« gespeichert seien. Nach neuen Erkenntnissen ist es aber so, dass wir die Bedeutung von Wörtern in Netzwerken ablegen, die von Erfahrungen abhängen und sehr flexibel sind. Was bedeutet das? Beim klassischen Vokabellernen lesen und hören wir die Wörter und sprechen sie vielleicht noch nach. Dabei werden relativ wenige Hirnregionen eingebunden. Durch das Lernen mit Gesten kommen dagegen mehr Bereiche und Gehirnstrukturen zum Einsatz. Das hat zur Folge, dass nicht nur die überwiegend mit Sprache befassten Hirnregionen aktiv werden, sondern auch zusätzlich noch visuelle und motorische Bereiche. Das erleichtert das Erinnern des Begriffs: Weil die verschiedenen Bereiche des Gedächtnisses – hören, sehen, sprechen, körperliche Erfahrung – miteinander verbunden sind, reicht es, einen Punkt dieses neuronalen Netzwerkes zu aktivieren, damit die Aktivität automatisch die anderen Bestandteile des Netzwerks erreicht.

die Metapher	es fällt jdm. (nicht) ein	neuronal
der Bewegungsablauf	vollziehen	unerheblich
der Bestandteil	hindeuten auf	andersherum (Adv.)
der Bereich	abgrenzen von	mental
	einbeziehen in	motorisch

30

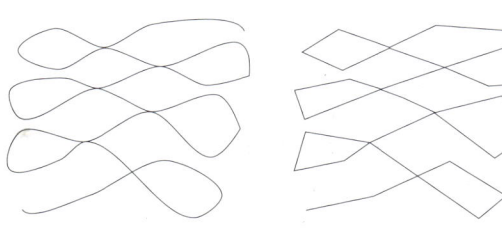

Abbildung 1: Probanden, die die _geschwungene_ Linien nachzeichneten, waren im Experiment kreativer.

Abbildung 2: Probanden beurteilten den rechten »Alien« _intelligenter und ehrlicher_ als den linken.

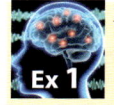

Ex 1 Untersuchungen in unterschiedlichen Kulturen haben ergeben, dass die meisten Menschen beispielsweise mit »oben« Glück verbinden. Der Himmel, das Gute, befindet sich ebenfalls oben, das Böse, die Hölle, unten. Geht es uns nicht gut, sind wir in einem Tief, unten, »down«. Die Zukunft liegt, räumlich gesehen, vor uns, die Vergangenheit hinter uns.

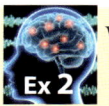

Ex 2 Was passiert im Kopf, wenn wir einen Hammer betrachten? Man könnte meinen, die Abfolge sähe so aus: Wir sehen das Objekt, erkennen es und erinnern uns daran, dass wir damit einen Nagel in die Wand schlagen können. Doch genau so ist es nicht. Gehirnscans zeigen, dass sofort ein Netzwerk unterschiedlicher Hirnareale aktiv wird, wenn wir den Hammer sehen, vor allem der prämotorische Kortex (PMC), jene Region, die Bewegungen steuert und vorbereitet.

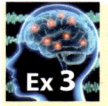

Ex 3 So legten Probanden Puzzles, die entweder raue oder glatte Oberflächen hatten. Anschließend lasen sie einen Text, in dem zwei Familien zusammen den Urlaub verbrachten. Nach dem Anfassen der rauen Oberflächen erschienen der einen Hälfte der Versuchspersonen auch die zwischenmenschlichen Beziehungen der Urlauber »rau« und ruppig, während die, die das glatte Puzzle legten, den Urlaub als viel harmonischer betrachteten.

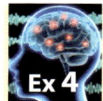

Ex 4 So mussten in einem Französischkurs deutsche Probanden Dutzende von Sätzen lernen. Eine Gruppe lernte mit Gesten. Zum Beispiel zeigte die Lehrerin für den Satz »Veux-tu quelque chose à boire?« (Möchtest du etwas trinken?) mit dem ausgestreckten Daumen auf den Mund. Die andere Gruppe lernte ohne Gesten. Die Gruppe, die mit Gesten lernte, behielt signifikant mehr französische Sätze als die Vergleichsgruppe.

Ex 5 Bei einer Studie mussten 300 Probanden Zeichnungen von Außerirdischen miteinander vergleichen. Ein Alien war dabei jeweils auf der rechten, der andere auf der linken Seite des Fragebogens abgebildet. Dazwischen waren die zugehörigen Fragen wie: Welches Wesen sieht intelligenter aus? Welches ist weniger ehrlich? Die meisten Probanden assoziierten positive Eigenschaften häufiger mit den Aliens auf der rechten Seite, negative dagegen eher mit den linken – obwohl die abgebildeten Wesen sich sehr ähnelten.

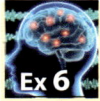

Ex 6 So haben Forscher Versuchspersonen geschwungene und eckige Formen auf einem Blatt Papier nachzeichnen lassen.
Anschließend wurde mit ihnen ein Kreativitätstest gemacht. Hier schnitten die Versuchspersonen schlechter ab, die die eckigen Figuren nachzeichnen sollten.

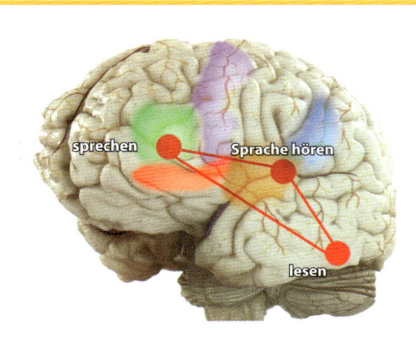

Abbildung 3

Vokabellernen mit lesen und sprechen:
Relativ wenige Hirnregionen werden eingebunden

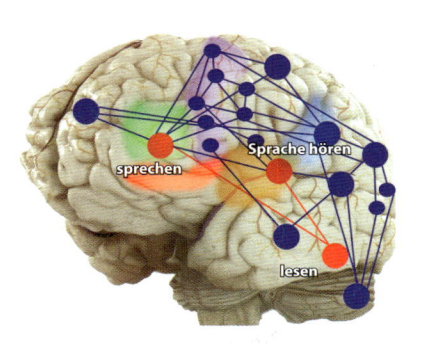

Vokabellernen mit Gesten:
Relativ viele Hirnregionen werden eingebunden.

Nomen-Verb-Verbindungen

4 Fragen stellen und Antworten formulieren.

a) Schreiben Sie die fehlenden Antworten und Fragen auf. Siehe Beispiel a): Frage stellen; Beispiel b): Antwort formulieren.

Frage	Antwort
▶ Was macht Marta, als ihr das deutsche Wort einfällt?	a) Sie schlägt sich mit der flachen Hand gegen die Stirn.
b) Welche Auffassung über das Denken ist falsch?	▶ Denken ist (wäre) eine abstrakte und vom Körper losgelöste Fähigkeit.
Wann sind Bereiche des Gehirns Aktiv, die Bewegungen steuern und Farben und Formen wahrnehmen?	c) Beim Denken. Wobei spielt der Körper eine aktive Rolle?
d) Wobei sind dieselben Hirnregionen aktiv?	Beim Nachdenken, Beim Steuern von Bewegung, Beim Wahrnehmen von Formen und Farben.
Was wird auch von unserer Bewegung im Raum beeinflusst?	e) Abstraktes Denken.
Wie werden Vokabeln und auch ganze Sätze besser behalten?	f) Sie wurden mit Bewegungen verbunden.
g) Welchen Nachteil hat das klassische Vokabellernen?	Dabei werden relativ wenige Hirnregionen eingebunden.

b) Schreiben Sie zu zwei Experimenten je eine Frage und eine Antwort auf einen Zettel. Ihr Lernpartner bearbeitet sie wie in Aufgabe a). Schreiben Sie auf Ihren Zettel, um welches Experiment es sich handelt. Tauschen Sie die Zettel untereinander aus.

- Ex 1: Welche Orientierung verbindet man oft mit Glück? → „oben"
- Ex 4: Womit haben die Probanden am besten Sätze gelernt? → Mit Gesten.

1 Notieren Sie, welche Kombinationen von Nomen + Verb (eventuell + Artikel + Präposition) für die folgenden Verben im Text stehen (in Klammern die Zeilen, wo die Nomen-Verb-Verbindungen zu finden sind).

a) Z. 4 – 10: beeinflussen — Einfluss (nehmen) ausüben auf
b) Z. 15 – 21: sind verbunden — miteinander in Verbindung stehen / miteinander verbunden sein
c) Z. 26 – 35: wurden beachtet — Beachtung bei + Nomen (Studien z. B.)
d) Z. 36 – 45: werden eingesetzt — zum Einsatz kommen
e) Z. 36 – 45: daraus folgt — zur Folge haben (Das hat zur Folge)

2 Ergänzen Sie in dem Grammatikkasten die Lücken.

Nomen-Verb-Verbindungen	
Die Studie erbringt den **Beweis** für (!) den Zusammenhang zwischen lernen und bewegen.	Die Studie beweist **den Zusammenhang zwischen** lernen und bewegen.
Bewegungen und Gesten **üben** einen Einfluss **auf** das Lernen aus.	Bewegungen und Gesten **beeinflussen** das Lernen.
Diese Erkenntnis kann in verschiedenen Bereichen des Lernens zur **Anwendung** kommen.	Diese Erkenntnis kann in verschiedenen Bereichen des Lernens angewendet **werden**.
Verb + Nomen (manchmal + Artikel / Präposition) (aktivische und passivische Bedeutung)	**einfaches Verb** Aktivische und passivische Bedeutung

▶ GR S. 119

→ Wunsch erfüllt sich

GR 3

3 Markieren Sie im Text »Lernen im Schlaf?« 13 Nomen-Verb-Verbindungen und füllen Sie die Tabelle aus, die unter dem Text steht.

Lernen im Schlaf?

Immer wieder haben Wissenschaftler in der Vergangenheit versucht, den Nachweis zu führen, dass man im Schlaf lernen könne. Aber entsprechende Wünsche gingen nicht in Erfüllung: Ein echter Beweis konnte nicht erbracht werden, auch wenn Sprachschulen und dubiose Internetanbieter nach wie vor mit der Lernen-im-Schlaf-Methode Werbung machen. Sie wollen den Eindruck erwecken, Lernen sei möglich, ohne große Anstrengungen zu unternehmen. Sie stellen beispielsweise die Behauptung auf, dass durch das Abspielen von Wörtern der Schläfer diese am nächsten Tag besser lernen und anwenden könne. Sie stellen Vergleiche mit der Hypnose an, die auf ähnlichen Mechanismen beruhe.

Unter seriösen Wissenschaftlern stoßen alle diese Versprechungen auf Ablehnung. Sie ziehen die wissenschaftlichen Grundlagen dieser Methoden in Zweifel und werfen den Sprachschulen vor, falsche Versprechungen zu machen. Denn Lernen habe Aufmerksamkeit zur Voraussetzung. Bekanntlich ist die aber bei einem Schläfer nicht vorhanden. Und so werden auch die nächsten Generationen von Schülern und Studierenden eine Wahl treffen und eine Entscheidung fällen müssen: Lernen *oder* Schlafen.

Präposition	Artikel	Nomen	Verb	einfaches Verb
	den	Nachweis	führen	nachweisen
in		Erfüllung	gehen	sich erfüllen
	den	Beweis	erbringen	beweisen
mit (etwas)		Werbung	machen	
	den	Eindruck	erwecken	—
		Anstrengung	unternehmen	sich anstrengen
	die	Behauptung	aufstellen	behaupten
mit (etwas)		Vergleiche	anstellen	vergleichen
auf		Ablehnung	stoßen	abgelehnt werden
in		Zweifel	ziehen	bezweifeln
	den	Vorwurf	machen	vorwerfen
		Versprechungen	machen	versprechen
zu	der	Voraussetzung	haben (Aufmerksamkeit)	voraussetzen

4 Schreiben Sie den gesamten Text noch einmal ab und verwenden Sie nur einfache Verben.

Immer wieder haben Wissenschaftler in der Vergangenheit versucht nachzuweisen, dass man im Schlaf lernen könne. Aber entsprechende …

| | die | Wahl | treffen | wählen |
| | die | Entscheidung | fällen | (sich) entscheiden |

Ich habe gehört, ihr wollt lernen

A Lesen Sie zur Vorbereitung auf den Hörtext die Erklärung zu »EEG« und beantworten Sie die Fragen in Stichwörtern.

EEG

EEG ist eine diagnostische Methode, die schon seit mehr als 50 Jahren zum Einsatz kommt. Mittels EEG wird die vom Gehirn ausgehende elektrische Aktivität von der Kopfhaut abgeleitet, man bezeichnet EEG deswegen auch als Hirnstromkurve. Diese Ströme beruhen auf der unablässigen Signalübertragung der Nervenzellen des Gehirns. Die elektrische Aktivität, die durch diese Signalübertragung in Millionen von Nervenzellen entsteht, wird durch das EEG erfasst. Sie ist von verschiedenen Faktoren abhängig. Beispielsweise ist sie im Schlaf anders als im Wachzustand, sie verändert sich mit dem Alter und ist in verschiedenen Hirnregionen unterschiedlich. Um die räumliche Auflösung zu verbessern, werden zahlreiche Elektroden über die Kopfhaut verteilt, deren Position durch ein international einheitliches Schema vorgegeben wird, damit die Befunde aus allen EEG-Labors vergleichbar sind.

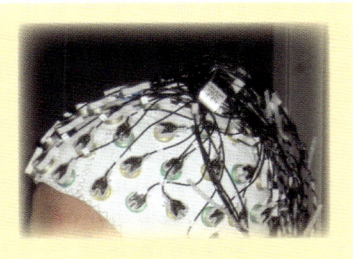

1. Was wird gemessen? *Die Ströme / Elektrische Aktivität des Gehirns* (die Gehirnströme im Gehirn)
2. Wodurch entstehen die gemessenen Ströme? *Durch unablässige Signalübertragung der Nervenzellen des Gehirns.*
3. Wovon hängen die Ströme ab? *Schlaf oder Wachzustand (Bewusstsein), Alter, Hirnregionen.*
4. Warum gibt es mehrere Elektroden? *Um die räumliche Auflösung zu verbessern.*

Hören Sie den Text in zwei Teilen.

1. Teil

Hörtext: Was das Gehirn beim Sport macht
Radioreportage, ca. 5 Minuten ☺ ☺
In der Reportage macht ein Journalist einen Selbstversuch und erfährt, welche Auswirkungen Sport auf sein Gehirn hat.

1 Beantworten Sie die Fragen zu der Situation, in der sich der Journalist befindet.

a) **Wo** befindet sich der Reporter? *im Institut für Sportwissenschaften.*

b) **Was** macht er? *Er ist eine Versuchsperson.*

c) **Welche** Untersuchung wird durchgeführt? *EEG. Was passiert beim Sport im Kopf?*

2 Die Untersuchung soll eine These beweisen und eine Erklärung für diese These liefern.

a) Wie lautet die These? *Wenn man Sport treibt, kann man sich besser konzentrieren.*

b) Was macht der Reporter dafür? *Er trägt eine EEG-Kappe, die Gehirnströme misst: einmal vor einer Belastung und dann am Ende der Belastung (ein Fahrrad fahren schnell). Jedes Mal macht er einen Intelligenz-Test.*

die Elektrode	der Wert	Sport treiben
der Nervenstrang	der Präfrontalkortex	belasten (Belastung)
der Hometrainer	der Arbeitsspeicher	verlagern (Verlagerung)

HV 3

[handwritten notes at top:]
G1: Vor der Belastung: der Arbeitsspeicher ist dunkelrot gefärbt, da Reporter war mit vielen Dingen beschäftigt (hohe elektrische Aktivität)

G2: Am Ende der Belastung: Arbeitsspeicher ist hellrot gefärbt. Während des FS hat sich die Aktivität verringert.

2. Teil

Grafik 1   Grafik 2

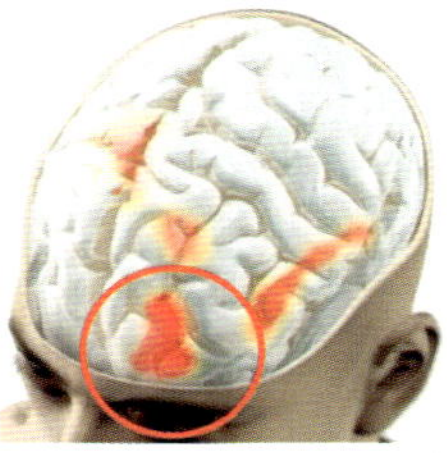

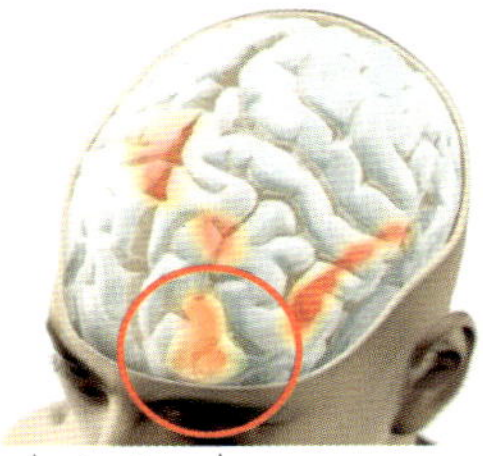

3 Erläutern Sie die Grafik 1 und 2.

Grafik 1: Das Obergehirn schaut dunkel rot. Das heißt, es gibt da so viel Aktivität, und die Versuchsperson hat sich mit vielen Dingen beschäftigt: hohe elektrische Akt

im Präfrontal Cortex

Grafik 2: Die hellrote Farbe zeigt, dass die Versuchsperson weniger Aktivität hatte: elektrische Aktivität wurde verringert.

Theorie: Der Arbeitsspeicher wird frei, um sich mit anderen Dingen zu beschäftigen.

4 Wie hat der Reporter im Test abgeschnitten?

Die Richtigen Antworten haben sich fast beim Sport verdoppelt

5 Welches (Fazit) zieht der Reporter?

Sport macht das Gedächtnis frei.

✗ **Ergänzen Sie alle Endungen in dem Text.**

WiwiS **Adjektivdeklination**

Die best____ Lerntechnik

Trotz aller pädagogisch____ Kontroversen um sinnvoll____ Lerntechniken sind sich die Forscher in einer entscheidend____ Frage einig. Es gibt sie tatsächlich, die ultimativ____ Lerntechnik. Dabei kommt alles zusammen, was für ein effektiv____ Sprachenlernen notwendig ist: ein attraktiv____ Ziel, hoh____ intrinsisch____ Motivation, permanent____ Training mit wohldosiert____ Pausen, viele unterschiedlich____ Möglichkeiten, das Gelernte anzuwenden, ein perfekt____ Lehrer oder eine perfekt____ Lehrerin und keine peinlich____ Strafen, sondern nur süß____ Belohnungen. Mit dieser genial____ Lerntechnik hat Lea Liebknecht Spanisch gelernt. Während ihres VWL-Studiums ging sie für mehrer____ Monate nach Chile und Ecuador, um Praktika zu machen. Schnell merkte sie, dass sie mit ihren gering____ Spanischkenntnissen nur sehr schlecht zurechtkommen würde. Dann traf sie Marco in Quito und verliebte sich in ihn. Der dunkelhaarig____ Marco hatte ein oval____ Gesicht, braun____ Augen und ein sanft____ Lächeln. Wichtiger aber war noch: Er sprach kein Deutsch und nur wenig Englisch.

Deklination von Adjektiven

bestimmter Artikel				
	m	f	n	pl
Nom	-e	-e	-e	
Akk	-en	-e	-e	-en
Dat	-en	-en	-en	
Gen	-en	-en	-en	

unbestimmter Artikel				
	m	f	n	pl
Nom	-er	-e	-es	
Akk	-en	-e	-es	-e
Dat	-en	-en	-en	-en
Gen	-en	-en	-en	-er

ebenso: Singular von *kein; mein, dein, sein ...*
Aber Plural (*keine, meine ...*) wie »bestimmter Artikel«

ohne Artikel				
	m	f	n	pl
Nom	-er	-e	-es	-e
Akk	-en	-e	-es	-e
Dat	-em	-er	-em	-en
Gen	-en	-er	-en	-er

ebenso: mehrere, verschiedene, andere, viele ...

Ich habe gehört, ihr wollt lernen

Lernen und Schlaf

Manche Eltern geben ihren Kindern augenzwinkernd den Rat, das Vokabelheft in der Nacht vor der Englischarbeit unter das Kopfkissen zu legen. Die Vorstellung, dass die Vokabeln durch das Kissen in unser Gehirn wandern, ist natürlich ein Märchen. Faktisch ist das nicht möglich, wenn auch das Ritual vielleicht beruhigend und damit auch leistungssteigernd wirkt. Aber ganz so abwegig ist das Bild vom Vokabelheft unterm Kopfkissen nicht: Hirnforscher sind nach vielen Experimenten in den vergangenen Jahrzehnten zu der Überzeugung gelangt, dass wir den Schlaf zum Lernen brauchen.

Bei einem Experiment zum Beispiel sollten Studenten Wortpaare lernen: Zu Quadrat gehört Kreis, zu Flasche gehört Geist und so weiter. Anschließend sagten ihnen die Wissenschaftler, dass diese Wortpaare am nächsten Tag abgefragt würden. Eine Gruppe durfte schlafen, die andere nicht. Am nächsten Tag konnten sich die ausgeschlafenen Studenten wesentlich besser an die Wortkombinationen erinnern als die mit der durchwachten Nacht. Ähnliche Studien gibt es viele, sodass heute außer Zweifel steht, dass während des Schlafs etwas passiert, was das Erinnerungsvermögen stärkt.

Doch warum ist das so? Einen Hinweis geben die Experimente, bei denen noch weitere Gruppen von Studenten nach demselben Schema getestet wurden. Allerdings wurde bei der Versuchsanordnung eine entscheidende Korrektur vorgenommen: Die Probanden sollten zwar auch fleißig Wortpaare lernen, man verriet ihnen aber anschließend nicht, dass sie am nächsten Tag in einem Test unter Beweis stellen mussten, dass sie sie gelernt haben. Vielmehr dachten die Probanden, es stünde ein komplett anderer Test auf dem Programm. Diese Versuchsreihe hatte das Ergebnis: Die Probanden konnten sich schlecht an die Wortpaare erinnern – auch diejenigen, die ausreichend geschlafen hatten.

Was war passiert? Die Studenten hatten sich mit dem gleichen Engagement die Wörter eingeprägt, also kamen wohl in ihren Gehirnen die gleichen Informationen an. Danach schliefen sie, und nach den vorangegangenen Experimenten konnte vermutet werden, dass sie sich gut erinnern werden. Dennoch versagten sie am nächsten Morgen. Der einzige Unterschied war, dass sie davon ausgingen, das Gelernte nicht mehr zu brauchen. Möglicherweise, so vermuten die Forscher, sei die wichtigste Funktion des Schlafes, eine Auswahl über die unzähligen Informationen zu treffen, die uns während des Tages erreichen. Das Wichtige wird ins Langzeitgedächtnis übertragen, das Unwichtige nicht.

1 **Bearbeiten Sie den Text in Vierergruppen.**

Der Letzte im Alphabet übernimmt zuerst die Rolle des Chefs / der Chefin. Nach jedem Absatz werden im Uhrzeigersinn die Rollen gewechselt.

Der Chef/die Chefin

Sie leiten die Gruppenarbeit. Das bedeutet:
- Sie sagen, was gemacht wird.
- Sie fragen, ob es unbekannte Wörter gibt, und entscheiden, ob geraten wird oder das Wörterbuch gefragt wird.
- Sie stellen W-Fragen zum Text: Wer? Warum? Wie viele?
- Sie fordern den Grammatikexperten auf, die einfachen Verben für die Nomen-Verb-Verbindungen zu nennen.
- Sie fragen die anderen Gruppenmitglieder, ob sie mit den Antworten einverstanden sind oder andere Vorschläge haben.

Der Vorleser

Sie fangen mit der Arbeit an. Sie lesen den Textabschnitt vor und achten natürlich ein bisschen auf die Satzmelodie, auf Punkte und auf Kommas.

Das Wörterbuch

Sie sind der Einzige, der ein Wörterbuch hat. Ein einsprachiges, Deutsch – Deutsch! Der Chef / die Chefin fordert Sie auf, Wörter nachzuschlagen. Sie erklären den anderen das Wort – auf Deutsch natürlich.

Der Grammatik-Fuchs

Sie spüren im Text **alle Nomen-Verb - Verbindungen** auf und schlagen ein »einfaches« Verb vor.
Sie formen den Satz mit dem einfachen Verb um.

2 Lesevortrag

⇨ **Lesen Sie den Text Ihrem Partner / Ihrer Partnerin vor.** Lesen Sie flüssig; üben Sie deshalb vorher halblaut.
⇨ **Kommentieren Sie den Text.** Halten Sie die Ratschläge für sinnvoll? Haben Sie andere?
⇨ Schließen Sie das Buch. **Hören Sie den Text, den Ihr Partner Ihnen vorliest.**

Text Partner A

Richtig lernen (1)

1. Regel: Du bist kein Nachtmensch, und Kaffee macht nicht kreativ. Insbesondere vor Prüfungen vergisst man, dass das Gedächtnis nicht richtig funktionieren kann, wenn man a) die Nächte durchlernt, statt zu schlafen, wenn man sich b) von Kaffee und Nikotin ernährt und wenn man c) so unter Stress steht, dass man nicht mehr weiß, wo oben und unten ist.

Die Grundregeln lauten daher: Immer auf genügend Schlaf achten, gut zum eigenen Körper sein und genug Zeit einplanen. Das menschliche Gehirn ist nicht mehr als sechs Stunden am Tag wirklich aufnahmefähig. Für den Durchschnittsmenschen liegen diese Zeiten zwischen 9 und 12 und zwischen 15 und 18 Uhr. Je nach individuellem Rhythmus kann sich das jedoch etwas verschieben. Totale Nachtmenschen sind aber die absolute Ausnahme.

Pausen sind nicht überflüssig, sondern notwendig, um das Erarbeitete abzuspeichern. Pausen sind also Teil der Arbeitszeit. Es gibt unterschiedliche Arten von Pausen: Verständnispausen von ein bis fünf Minuten, in denen du Gelesenes abspeicherst und dir über Zusammenhänge klar wirst oder dich auf ein neues Thema einstimmst. Zwischenpausen von 15 bis 20 Minuten sind dazu da, um dich nach ein bis anderthalb Stunden intensiven Lernens zu entspannen. Steh auf, mache einen kurzen Spaziergang an der frischen Luft, iss und trink etwas: Achte auf deine Bedürfnisse. Eine mindestens einstündige Erholungspause solltest du nach drei bis maximal vier Stunden Lernzeit einlegen.

Text Partner B

Richtig lernen (2)

Der Lernforscher Glenn Wilson von der University of London ließ 2005 für eine Studie zwei Kandidatengruppen Konzentrationstests bearbeiten. Die eine Testgruppe bekam dabei ständig neue E-Mails auf den Bildschirm geschickt. Die andere Gruppe war bekifft, wurde aber nicht weiter gestört. Ergebnis: Die Kandidaten, die vorher Marihuana geraucht hatten, schnitten deutlich besser ab als jene, die permanent von neu eintreffenden Nachrichten abgelenkt wurden. Die Leistung der mit Mails bombardierten Kandidaten sank um mindestens 10 IQ-Punkte.

Das soll kein Plädoyer fürs Kiffen sein, sondern heißen: Wer lernt, sollte sein E-Mail-Programm so lange abschalten. Und auch das Telefon hat einen Stecker, den man rausziehen kann – und sollte.

Wo soll man lernen? In der Bibliothek oder zu Hause? Eine eindeutige Antwort darauf gibt es nicht. Oft jedoch ist die Ablenkung zu Hause (Telefon, Kühlschrank, WG-Putzplan, Mitbewohner...) deutlich größer. Grundsätzlich hilft es, sich die gleiche Lernumgebung zu schaffen. In der Bibliothek sollte man sich immer auf den selben Platz setzen. Dazu gehören Rituale. Die Schreibutensilien, das Wörterbuch, der Notizblock, die gleiche Kaffeetasse oder Wasserflasche: Alles, was ausschließlich beim Lernen benutzt wird, programmiert das Gehirn durch Gewöhnung und signalisiert so »Arbeit«. Und schon kostet es nicht mehr so viel Überwindung, sich in seine Bücher zu vertiefen.

Fast alle Fachleute raten zum Lernen in Gruppen. Die Notwendigkeit, anderen Zusammenhänge erläutern zu müssen, schafft bei einem selbst ein tieferes Verständnis. Darüber hinaus fördern Arbeitsgruppen die Lerndisziplin, die man vielleicht allein nicht aufbringen würde.

4 Beruf & Moral

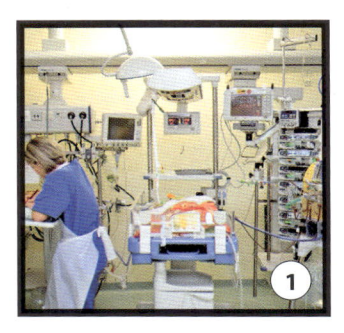

A Welche Gewissenskonflikte können in den dargestellten Berufen auftreten? Arbeiten Sie zu zweit. Wählen Sie ein Foto.

- ➪ Klären Sie zunächst, um welchen Beruf / um welche Tätigkeit es sich handelt.
- ➪ Welches Problem könnte sich bei der Ausübung des Berufs ergeben?
- ➪ Worin könnte ein möglicher Gewissenskonflikt liegen?
- ➪ Können Sie sich vorstellen, in Ihrem angestrebten Beruf in einen Gewissenskonflikt zu geraten?

Die meisten Hochschulabsolventen wünschen sich einen Job, der sie fordert, der zudem sicher ist und eine gute Weiterentwicklung ermöglicht. Ob ein Beruf möglicherweise ihren Wertvorstellungen widerspricht, bedenken hingegen die wenigsten. **Die Texte auf den Seiten 40 – 43 handeln von Gewissenskonflikten, die junge Angestellte mit ihrer Tätigkeit und mit den Firmen haben, für die sie arbeiten.**

1 Bearbeiten Sie die Texte in Gruppen und stellen Sie sie im Plenum vor.

Die Gruppe, die referiert

Unter dem Text gibt es »Arbeitsanregungen« für die Präsentation.
Sie können die Präsentation aber auch als kleines Theaterstück gestalten. Etwa so:

- **Person 1** **Die Hauptperson** stellt sich vor, beschreibt ihre Tätigkeit in der Firma oder in dem Unternehmen.
- **Person 2** **Das Gewissen der Hauptperson** formuliert (möglichst dramatisch) die moralischen Bedenken gegen die Tätigkeit.
- **Person 3** **Der Kollege / die Kollegin** verteidigt die Tätigkeit der Hauptperson und ist somit der /die Gegenspieler/in des Gewissens.
- **Person 4** fasst noch einmal den Konflikt zusammen und stellt eine Entscheidungsfrage zur Abstimmung.

das Gewissen (schlechtes~, gutes ~) Gewissensbisse (immer Pl.) die Moral die Ethik	sich auf sein Gewissen berufen etwas (nicht) mit seinem Gewissen vereinbaren können das Gewissen plagt jdn. (sich) rechtfertigen hinterfragen	gewissenlos moralisch ethisch

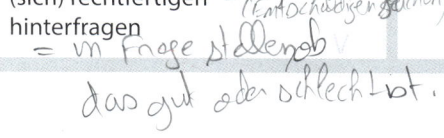

Danke

HV 4

Die Zuhörer und Zuhörerinnen (»Publikum«)

- Hören Sie zu.
- Machen Sie sich während des Vortrags Notizen.
- Stellen Sie Fragen, wenn Sie etwas nicht verstanden haben.
- Diskutieren Sie mit den Vortragenden nach dem Vortrag.
- Stimmen Sie ab.
- Lösen Sie das Kreuzworträtsel auf S. 44.

Vortrag 1: Anja

Welche Versuche macht Anja in ihrem Beruf?	Experimente mit Biowaffen / Operationen mit Affen / Koch machen und Chip implantieren
Was ist das Ziel der Versuche?	Blutenden Personen helfen, um sich wieder bewegen zu können
Was ist das wichtigste Pro-Argument?	Diese Versuche dienen den Menschen / gelähmte Menschen
Was ist das wichtigste Kontra-Argument?	Verspüren Affen Schmerzen? wegen den Experimente / Der Nutzen mit Menschen ist nicht sicher

Vortrag 2: Stephan

Wo arbeitet Stephan?	in einer Kanzlei
Welche Aufgabe erhält er?	Er soll einen Sexualstraftäter verteidigen
Was wirft man dem Mandanten vor?	Weil er Schuld ist / Er empfindet Freude daran, andere zu quälen
Was ist das wichtigste Argument des Anwalts?	nicht mein Job / soll ich Schlechte Personen schützen?

Vortrag 3: Ali

Was macht Ali?	Entwickelt Software.
Worin besteht das Ziel des Projekts?	Roboter zu entwickeln
Was erfährt Ali?	Das Projekt dient der Militär
Was ist das wichtigste Pro-Argument?	Technologie
Was ist das wichtigste Kontra-Argument?	Töten von Menschen

Vortrag 4: Julia

Was macht Julia?	Personalleiterin / Psychologin bei einer Firma
Was musste sie machen, als die Firma in eine Krise geriet?	500 Mitarbeitern erzählen, dass sie entlassen werden
Was ist das wichtigste Pro-Argument?	Sie werden sowieso entlassen / Das ist ihr Job / Sonst wird die Firma pleite gehen
Was ist das wichtigste Kontra-Argument?	Sie vertrauen ihr / Persönliche Beziehung mit den Mitarbeitern

Sefien
gihen   Kerem
Kayen

Beruf & Moral

Anja
Gruppe 1 ***

Nach ihrem Biologiestudium bewarb sich Anja beim Max-Planck-Institut für biologische Kybernetik in Tübingen (MPI). Kurze Zeit später erhielt sie die Zusage, und seitdem macht sie Tierversuche mit Rhesusaffen. Anja erforscht, wie das Gehirn zielgerichtet Armbewegungen plant. Sie möchte mit ihren Kollegen herausfinden, welche Hirnareale bei Bewegungen aktiv sind. Zu diesem Zweck müssen die Affen verschiedene Bewegungen mit ihren Armen ausführen, und Anja misst, inwiefern sich die Aktivität in den Hirnarealen unterscheidet. Bevor die Experimente beginnen, müssen die Tiere operiert werden. Den Affen werden kleine Zylinder auf den Schädelknochen implantiert. Innerhalb dieser Zylinder wird der Knochen entfernt. Auf diese Weise entsteht ein kleines Loch, durch das feine Drähte geführt werden. Das geschieht unter Vollnarkose. »Das stört die Affen nicht«, sagt Kollege Gerd, der schon mehrere Jahre im Institut arbeitet. Der Draht sei nämlich sehr dünn, und das Gehirn selbst sei schmerzfrei. Es sei sehr unwahrscheinlich, dass der Draht einen Schmerzsensor treffe.

Nachdem die Elektroden eingesetzt worden sind, klettern die Affen in den sogenannten Affenstuhl, einen Kasten aus Plexiglas. Die Arme können sie nach vorne heraus bewegen. Der Kopf aber wird am Stuhl befestigt, damit er sich nicht bewegen kann. Mithilfe von Belohnungen werden die Affen dann schrittweise zu den verschiedenen Experimenten mit den Armbewegungen hingeführt.

Anja mag die kleinen Affen. Sie hat Probleme damit, diese Experimente durchzuführen. Angeblich verspürten die Affen bei den Experimenten ja keinen Schmerz. »Aber woher wollen wir das wissen?«, fragt sich Anja. Ihr Kollege sagt, dass die Experimente wichtig für die Grundlagenforschung seien. Um etwas heilen zu können, müsse man wissen, wie das Gehirn funktioniere, hat er ihr erklärt, als sie mit ihrer Arbeit begann. Ziel sei es, dass sich gelähmte Menschen eines Tages wieder bewegen könnten. »Unsere Arbeit dient dem Menschen«, betont er.

Rechtfertigt das aber solche Experimente? Außerdem: Kann man wirklich das Hirn eines Rhesusaffen mit dem eines Menschen vergleichen? Kann man wirklich aus Tierversuchen medizinische Erkenntnisse für die Gesundheit von Menschen gewinnen? Ja, sagt Kollege G. und nennt ihr zahlreiche Beispiele. In Tübingen haben Tierschützer gegen die Versuche mit den Affen demonstriert. Sie bezweifeln den Nutzen für die Menschen. Und selbst wenn sie nützlich wären, rechtfertige es nicht, Tiere zu quälen. Nachdem sie mit mehreren Tierschützern diskutiert hat, kommen ihr Zweifel an ihrer Arbeit.

Gruppe 1: Arbeitsanregungen

- Stellen Sie Anja vor (Beruf, Tätigkeit).
- Stellen Sie den Konflikt dar, in dem sich Anja befindet. Ein Gruppenmitglied spielt die Pro-Position (»*Es ist richtig und gut, dass du die Tierversuche machst!*«), ein anderes die Kontra-Position (»*Du solltest mit den grausamen Tierversuchen aufhören!*«). Sie können auch eigene Argumente anführen.
- Was soll Anja machen? Stellen Sie im Plenum den Fall zur Diskussion (und Abstimmung).
- Lösen Sie die Grammatikaufgabe unten auf der Seite.

Nominalstil: Temporalsätze (VORZEITIGKEIT & NACHZEITIGKEIT)

Nach ihrem Biologiestudium bewarb sich Anja beim MPI.	Nachdem sie _Biologie Studiert hatte_, bewarb sie sich beim MPI.
Vor _Beginn der_ Experimente müssen die Tiere operiert werden.	_Bevor_ die Experimente beginnen, müssen die Tiere operiert werden.
Nach dem Einsatz _der_ Elektroden klettern die Affen in den Stuhl.	_Nachdem_ die Elektroden _eingesetzt worden_ sind, klettern die Affen in den Stuhl.

▶ GR S. 117

Stephan

Gruppe 2 **

Stephan Mager studiert Jura mit dem Berufsziel Rechtsanwalt. Nachdem er sein erstes Staatsexamen mit einer guten Note abgeschlossen hatte, begann er sein Referendariat in einer Kanzlei, in der er die Arbeit eines Strafverteidigers kennenlernen wollte. Dort wurde er von einem erfahrenen Anwalt betreut, der ihm die Aufgabe gab, juristische Argumente zu liefern, die für einen konkreten Mandanten sprechen.

Mager freute sich – bis er erfuhr, um welche Art von Mandanten es sich handelt: einen Sexualstraftäter. Einen der ganz üblen Sorte. Einen Sadisten, der Freude daran findet, Menschen zu demütigen und zu missbrauchen. Zweimal war er schon wegen Sexualdelikten verurteilt worden. Bei einer dritten Verurteilung drohte ihm eine lange Haftstrafe. Seine Anwaltskanzlei hatte die Verteidigung eines solchen Menschen übernommen! Und er sollte Argumente für ihn finden! »Damit hatte ich nicht gerechnet. Ich war schockiert«, erinnert sich Mager.

Der erfahrene Anwalt der Kanzlei erklärte ihm, dass in einem Rechtsstaat jeder Angeklagte das Recht auf eine Verteidigung vor dem Gericht habe. Und er als Rechtsanwalt sei verpflichtet, sich für den Mandanten einzusetzen, ganz unabhängig vom Vergehen, dessen er sich schuldig gemacht habe. »Sie sind ein Teil eines Systems, das auf dem Zusammenspiel von Kläger, Verteidiger und Richter basiert. Damit dieses System funktioniert und gerechte Urteile hervorbringt, bedarf es eines Verteidigers, der die Interessen des Angeklagten vertritt«, sagte er. Die Situation traf Stephan unvorbereitet.

In seinem Studium hatte er gelernt, Fälle zu analysieren und Gesetzestexte zu interpretieren. Die Frage aber, ob er es mit seinem Gewissen vereinbaren kann, Menschen zu verteidigen, die schwerste Verbrechen begangen haben, hatte er sich nie gestellt. Nachdem er nur zwei Tage in der Kanzlei gearbeitet hatte, drängte sie sich plötzlich auf. Natürlich sah er ein, dass jeder Angeklagte einen Verteidiger braucht. Aber warum musste gerade diese Kanzlei so jemanden verteidigen? Und würde er das tatsächlich später als Anwalt tun können? Es gab kein Ausweichen. Auf Mager lastete ein großer Druck. Denn er musste nicht nur im konkreten Fall entscheiden, ob er die Aufgabe annimmt. Kurz vor seinem zweiten Staatsexamen musste er ganz grundsätzlich seine Fach- und Berufswahl unter moralischen Gesichtspunkten hinterfragen. Er fragte eine Freundin um Rat.

Gruppe 2: Arbeitsanregungen

- Stellen Sie Stephan vor (Beruf, Tätigkeit).
- Stellen Sie den Konflikt dar, in dem sich Stephan befindet. Ein Gruppenmitglied spielt den erfahrenen Anwalt.
- Was soll Stephan machen? Stellen Sie im Plenum den Fall zur Diskussion (und Abstimmung).
- Lösen Sie die Grammatikaufgabe unten auf der Seite.

Nominalstil: Temporalsätze (VORZEITIGKEIT & NACHZEITIGKEIT)

Nach _dem Abschluss seines_ ersten Staatsexamens arbeitete er in einer Kanzlei.	Nachdem er sein _erstes_ Staatsexamen abgeschlossen _hatte_, arbeitete er in einer Kanzlei.
Nach nur zweitägiger Arbeit in der Kanzlei plagte ihn sein Gewissen.	Nachdem er nur _zwei Tage_ in der Kanzlei _gearbeitet_ hatte, plagte ihn sein Gewissen.
Kurz vor _Beginn_ seines _zweiten_ _Staatsexamen_ musste er seine Berufswahl hinterfragen.	Kurz _bevor er sein_ zweites Staatsexamen begann, musste er seine Berufswahl hinterfragen.

▶ GR S. 117

Beruf & Moral

Ali

Gruppe 3 ***

Ali ist Informatiker und arbeitet als Programmierer in einem universitären Projekt. Bevor er dort als Chefprogrammierer eingestellt wurde, absolvierte er schon als Student ein Praktikum in der Gruppe. Ziel des Projekts ist es, Software für kleine autonome Roboter zu entwickeln.

Nach einigen Monaten intensiver Arbeit sind die zweibeinigen Roboter nun in der Lage, miteinander über ein Funknetz zu kommunizieren und sich zwar langsam, aber selbstbestimmt zu bewegen. Ali und seine Kollegen sind stolz auf das Erreichte. »Alles, was wir machen, ist technisch total interessant und absolut neu«, schwärmt Ali.

Die Teamleiterin der Programmierer ist Juliane, sie konzipiert die zukünftigen Programmiervorhaben und koordiniert die Arbeit zwischen Ali, seinen Arbeitskollegen und dem Hardware-Team. Sie ist eine erfahrene Informatikerin und das Rückgrat des gesamten Projekts.

Einige Zeit später erfährt Ali durch einen Zeitungsartikel, dass die Roboter, an denen sie arbeiten, als eine Art »Soldaten der Zukunft« geplant und programmiert werden. Ali erschrickt. Ihm war nicht bewusst, dass er an einem militärischen Projekt arbeitete. Er wollte seine Fähigkeiten nicht für das Töten von Menschen einsetzen. Hätte er sich besser darüber informieren müssen, welchen Zweck das Forschungsprojekt hat? Aber er fragt sich auch, warum Juliane niemals erwähnt hat, für welchen Zweck die Software dieses Projekts verwendet werden soll. Bis zu dieser zufälligen Entdeckung der militärischen Ziele des Projekts war Juliane ein Vorbild für ihn, ein Mensch, dem er blind vertraute.

Als er Juliane zur Rede stellt, erwidert sie, dass die Teams ja nicht gemeinsam an einer konkreten militärischen Forschung arbeiten und dass sie persönlich kein Problem damit hat. Über die Zielsetzung hätte sie zwar gelesen, wollte aber in der Programmiergruppe niemanden in Unruhe versetzen. »Überleg dir doch mal, welche wichtigen Erfindungen und Technologien, die für alle Menschen von Nutzen sind, durch Geld aus der Rüstungsforschung mitfinanziert wurden«, sagt sie. »Wir sind nur die Techniker, was mit unserer Technologie gemacht wird, ist nicht unsere Sache«, argumentiert sie. Und: »Wenn du den Job nicht machst, macht ihn halt ein anderer.«

Auch nach langer Diskussion mit Juliane hat Ali weiterhin Gewissensbisse. Soll er unter den ihm nun bekannten Umständen weiter an den Robotern programmieren? Soll er sich um eine andere Stelle bemühen – und den Kontakt zu Juliane und den Kollegen aufgeben? Oder die interessante Arbeit fortsetzen?

Gruppe 3: Arbeitsanregungen

- Stellen Sie Ali vor (Beruf, Tätigkeit).
- Stellen Sie den Konflikt dar, in dem sich Ali befindet. Ein Gruppenmitglied spielt die Pro-Position (»Es ist richtig und gut, dass du an dem Projekt weiterarbeitetest«), ein anderes die Kontra-Position (»Du solltest sofort mit der Arbeit aufhören«!). Sie können auch eigene Argumente anführen.
- Was soll Ali machen? Stellen Sie im Plenum den Fall zur Diskussion (und Abstimmung).
- Lösen Sie die Grammatikaufgabe unten auf der Seite.

Nominalstil: Temporalsätze (VORZEITIGKEIT & NACHZEITIGKEIT)

Bevor seiner _Einstellung_ als Chefprogrammierer absolvierte er ein Praktikum.	Bevor er als Chefprogrammierer eingestellt wurde, absolvierte er ein Praktikum.
Nach einigen Monaten _erfolgreicher_ Forschung erfährt er, was das Ziel des Projekts ist.	_Nachdem_ er einige Monate erfolgreich _geforscht hat_, erfährt er, was das Ziel des Projekts ist.
Auch nach langer Diskussion mit Juliane hat er noch Gewissensbisse.	_Auch nachdem er lang mit Juliane diskutiert hat_, hat er noch Gewissensbisse.

► GR S. 117

Julia

Gruppe 4 **

Julia Schmidt ist ausgebildete Psychologin. Sie hat schnell Karriere gemacht. Nach ihrem Psychologiestudium arbeitete sie in der Personalabteilung einer großen Firma. Hier war sie erst für die Rekrutierung der Hochschulabsolventen zuständig, aber schon nach kurzer Einarbeitungszeit stieg sie zur Personalleiterin auf. Der Job machte ihr immer viel Freude, sie entwickelte Weiterbildungsprogramme für die Mitarbeiter mit dem Ziel, die beruflichen Möglichkeiten jedes Einzelnen zu fördern. Dann kam die Krise. Die Absatzzahlen gingen zurück, das Unternehmen machte weniger Gewinn, die Unternehmensleitung entwickelte ein rigides Sparprogramm. 500 Mitarbeiter sollten innerhalb weniger Monate entlassen werden. Viele von ihnen waren über 50 Jahre alt und hatten kaum Aussicht auf einen neuen Arbeitsplatz. Von einem Tag auf den anderen wurde der Traumjob zur Hölle. Vor Ausbruch der Krise bildete sie die Mitarbeiter aus, die sie jetzt entlassen sollte. Sie musste Kündigungen aussprechen, Abfindungen aushandeln und vor Gericht die Interessen des Arbeitgebers vertreten, wenn ein Mitarbeiter den Verlust seines Arbeitsplatzes nicht hinnehmen wollte. Viele Menschen, die sie auf die Straße setzen musste, kannte sie persönlich. Manche kamen mit ihrer Wut oder Verzweiflung zu ihr, weil sie aufgrund ihres Engagements für die Mitarbeiter einen guten Ruf hatte. Die Menschen vertrauten ihr und hofften, von Kündigungen verschont zu bleiben. Aber Julia musste exakt das Gegenteil tun. Das war ihr Job. Dafür wurde sie bezahlt. Das erwartete man von ihr.

»Um nicht zu stark belastet zu werden«, riet ihr eine Kollegin, »darfst du Gefühle wie Mitleid gar nicht erst aufkommen lassen«. »*Augen zu und durch*« lautete ihre Devise. Es sei besser, 500 Leute zu entlassen als den ganzen Konzern pleite gehen zu lassen, rechtfertigte sie ihre Arbeit. »Die Entlassenen finden bestimmt wieder einen neuen Job.« Außerdem sei es völlig normal, dass sie in ihrer Position als Personalleiterin auch unangenehme Entscheidungen treffen müsse.

Julia folgte dem Rat. Am Anfang ging das recht gut, aber dann spürte sie, dass mit ihr etwas nicht stimmte. Vor jeder unangenehmen Entscheidung war sie nervös, unkonzentriert und launisch. Später kamen Schlaflosigkeit und Entzündungen an Blase, Kiefer und Hals hinzu. Besorgt holte sie sich nun Rat bei einer Psychologin.

Gruppe 4: Arbeitsanregungen

- Stellen Sie Julia vor (Beruf, Tätigkeit).
- Stellen Sie den Konflikt dar, in dem sich Julia befindet. Ein Gruppenmitglied spielt die Pro-Position (*»Du musst stark sein und weitermachen!«*), ein anderes die Kontra-Position (*»Du solltest sofort kündigen!«*). Sie können auch eigene Argumente anführen.
- Was soll Julia machen? Stellen Sie im Plenum den Fall zur Diskussion (und Abstimmung).
- Lösen Sie die Grammatikaufgabe unten auf der Seite.

Nominalstil: Temporalsätze (VORZEITIGKEIT & NACHZEITIGKEIT)

Nach ihrem Psychologiestudium arbeitete sie in der Personalteilung.	Nachdem sie *Psychologie studiert hatte*, arbeitete sie in der Personalabteilung.
Nach kurzer ~~Arbeit~~ *Einarbeitung* stieg sie zur Personalleiterin auf.	*Nachdem* sie sich *kurz* eingearbeitet hatte, stieg sie zur Personalleiterin auf.
Vor Ausbruch *der* Krise bildete sie die Mitarbeiter aus.	*Bevor* die Krise *ausbrach*, bildete sie Mitarbeiter aus.

▶ GR S. 117

Beruf & Moral

2 Lösen Sie das Kreuzworträtsel, nachdem Sie die Vorträge gehört haben. Schauen Sie bitte nicht in die Texte. Das Lösungswort quält uns manchmal.

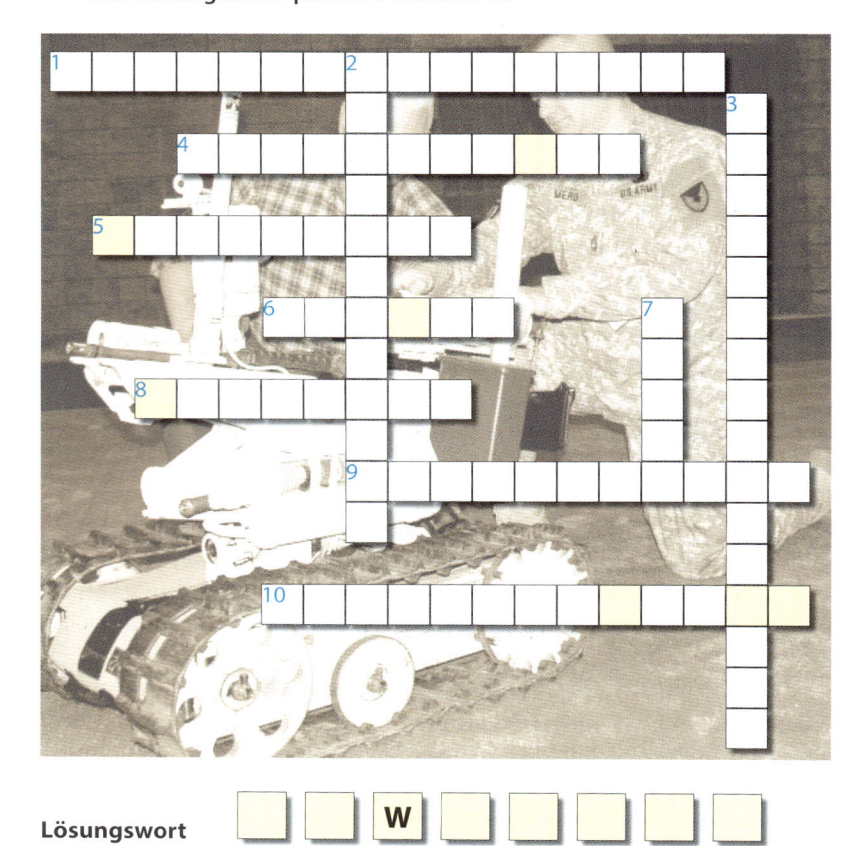

Anja
- ↓ 2 Sie protestieren gegen Anjas Arbeit.
- → 6 In dieses Organ wird den Tieren ein Draht implantiert.
- ↓ 7 Mit ihnen macht Anja Versuche.

Stephan
- → 1 Stephans erster Mandant ist ein ___
- → 4 Jeder Angeklagte muss einen ___ haben.

Ali
- → 8 Was sollen die Roboter in Zukunft sein?
- → 10 Ali arbeitet also an einem ___ Projekt.
- → 9 Julia rechtfertigt das Projekt: Aus der Rüstungsforschung entstehen wichtige ___.

Julia
- ↓ 3 Welchen Beruf hat Julia?
- → 5 Julia war gezwungen, Mitarbeiter zu ___.

Lösungswort: _ _ W _ _ _ _ _

---

3 Temporalsätze. Ergänzen Sie die Lücken in den Grammatikkästen, die die anderen Gruppen bearbeitet haben.

ÜB

4 In einer Zeitung der Fachschaft Maschinenwesen einer Technischen Universität wird über einen Studiengang diskutiert. In diesem Studiengang gibt es auch einen Lehrstuhl »Hubschraubertechnologie«. In einem Artikel wird darüber informiert, dass hier über Militärhubschrauber geforscht wird, die für EADS entwickelt werden. EADS ist Europas größter Luft- und Raumfahrtkonzern und die Nummer zwei auf dem Markt für Rüstungsgüter. Der Kommilitone Daniel D. aus der Fachschaft rechtfertigt die Forschung.

Schreiben Sie einen (zustimmenden oder ablehnenden) Leserbrief an die Fachschaftszeitung. Beziehen Sie sich auf folgende Aussagen in dem Artikel von Daniel D.

> »Wir sind nur die Techniker, was mit unserer Technologie gemacht wird, ist nicht unsere Sache.«

> »Rüstungsforschung ist wichtig. Es ist doch legitim, dass sich ein Land militärisch verteidigt. Rüstung abschaffen, das geht nicht.«

> »Kann sein, dass man später einmal Gewissenskonflikte bekommt. Aber wenn ich dann den Job nicht mache, macht ihn halt ein anderer.«

Verben mit Präpositionen

GR 4

Kriterien für die Berufswahl

Es gibt viele Studien, die zeigen, _worauf_ es Jungakademikern bei der Wahl ihres Arbeitgebers **ankommt**. Sicherheit, Verdienst, gutes Klima und Entwicklungsmöglichkeiten stehen auf der Liste der gewünschten Arbeitsbedingungen in der Regel ganz oben. In letzter Zeit gewinnt zudem die Vereinbarkeit von Beruf und Familie einen höheren Stellenwert.

WiwiS	Verben mit Präpositionen
Objekt im Hauptsatz	**Objekt im Nebensatz**
Sie **informierte sich** über ethische Fragen der Berufswahl.	Sie **informierte sich dar**über, welche ethischen Fragen ihr Beruf aufwirft.
Worüber hast du dich informiert?	

Die wenigsten Studierenden interessieren sich _dafür_, ob ein Job mit dem eigenen Gewissen vereinbar ist. Oder sie betrachten es zumindest als **nachrangig**, wie eine Studie des Marktforschungsunternehmens _trendence_ zeigt. Für die Untersuchung wurden 9000 Studenten der Wirtschaftswissenschaften befragt, die kurz vor Abschluss des Studiums standen. Als es _darum_ ging, verschiedene Entscheidungsfaktoren für einen Arbeitgeber zu **gewichten**, wurde der Attraktivität der Arbeitsaufgaben und den Aufstiegschancen die höchste Priorität zugesprochen, während der Aspekt »gesellschaftliche Verantwortungsübernahme« auf dem letzten Platz landete.

Erst die Karriere, dann die Moral – **auf diesen kurzen Nenner** lässt sich das Ergebnis der Studie **bringen**. Dass die befragten Wirtschaftsstudenten skrupellose Menschen seien, lässt sich _darauf_ freilich nicht schließen. Ähnlich ihren Kommilitonen aus anderen Fächern haben die meisten Studenten nur noch keine konkrete Vorstellung _davon_, in welch **heikle** Situationen der spätere Beruf sie führen kann. Sie denken nicht _daran_, welche Gewissensprüfungen ihnen beispielsweise im Lauf einer Konzernkarriere bevorstehen und welche ethisch-moralischen Konflikte _daraus_ entstehen können, dass sie über das **Schicksal** von Menschen zu entscheiden haben. »Die Frage nach der Moral ist vielen zu abstrakt«, sagt Ulrich Thielemann, Vizedirektor des Instituts für Wirtschaftsethik der Universität St. Gallen. »Aber später im Beruf wird sie sehr konkret. Wir raten deshalb jedem Hochschulabsolventen _dazu_, sich mit ethischen **Fragen**, die der spätere Beruf **aufwerfen** könnte, **auseinanderzusetzen**.« Denn das Gewissen lasse sich nur schwer ignorieren.

1 Vervollständigen Sie mit den Informationen des Textes die folgende Textzusammenfassung.

Als man Studierende der Wirtschaftswissenschaften fragte, was sie in ihrem späteren Beruf für wichtig halten, nannten sie _die Attraktivität der Arbeitsaufgaben und die Aufstiegschancen_. Verhältnismäßig unwichtig war es für sie, _gesellschaftliche Verantwortung_ in ihrem Beruf zu übernehmen. Als Grund für diese Ignoranz wird vermutet, dass sie keine Vorstellung davon haben, dass _ethisch-moralische Konflikte aus ihrer Karriere_ entstehen können, wenn sie Entscheidungen treffen müssen, die andere Menschen betreffen. Experten empfehlen deshalb, _dass jeder Hochschulabsolvent sich mit ethischen Fragen auseinandersetzt_.

2 Markieren Sie alle Verben oder Nomen mit festen Präpositionen.

3 In den Lücken (_____) fehlen die Korrelate da(r) oder wo(r) bei den Sätzen, die Verben mit Präpositionen haben. Ergänzen Sie die Lücken.

45

Der Lobbyist

Wikipedia

Lobbyismus ist eine aus dem Englischen übernommene Bezeichnung (lobbying) für eine Form der Interessenvertretung in Politik und Gesellschaft. Mittels Lobbyismus versuchen Interessengruppen (Lobbys), vor allem durch die Pflege persönlicher Verbindungen die Exekutive und die Legislative zu beeinflussen. Außerdem wirken sie auf die öffentliche Meinung durch Öffentlichkeitsarbeit ein. Dies geschieht vor allem mittels der Massenmedien.

A Was ist ein »Lobbyist«? Lesen Sie zur Beantwortung der Frage auch den Ausschnitt aus Wikipedia.

B Was macht eigentlich ein Lobbyist? Lesen Sie dazu die Termine, die Kevin Karzmann am 23. September 2013 hatte.

C Wenn Sie ein Interview mit einem *Tabak*-Lobbyisten machen würden, welche Fragen würden Sie ihm gerne stellen? Sammeln Sie Fragen im Kurs und schreiben Sie sie an die Tafel.

23. April 2013

8.00	Teambesprechung
9.00	
10.00	Gespräch mit J.K (Tagesspiegel)
11.00	Vortrag Gastronomieverband
12.00	
13.00	
14.00	Treffen mit M.K. (Europaparlament)
15.00	
16.00	
17.00	Positionspapier Verbot Automaten
18.00	schreiben
19.00	
20.00	Restaurant Adlon: Abendessen mit
21.00	Abgeordneten

1. Hören

1 Welche Fragen stellt die Interviewerin?
- ⇨ Vergleichen Sie mit Ihren Fragen.
- ⇨ Ergänzen Sie Fragen aus dem Interview, die Sie noch nicht genannt haben. Streichen Sie die Fragen durch, die nicht gestellt werden.

2 Welchen Eindruck haben Sie von der Interviewerin und von Herrn Karzmann? *(J = stimmt; N = stimmt nicht)*. Sprechen Sie mit Ihrem Lernpartner über die folgenden Punkte. Begründen Sie Ihre Meinung mit Aussagen aus dem Interview, die Sie noch in Erinnerung haben.

Die Interviewerin ...

a) ... stellt faire Fragen.	[J] [N]	b) ... gibt ihre eigene Meinung zu erkennen.	[J] [N]

Karzmann ...

a) ... antwortet auf jede Frage.	[J] [N]	d) ... kann Verständnis für seinen Beruf wecken.	[J] [N]
b) ... gibt interessante Informationen.	[J] [N]	e) ... ist ein moralisch handelnder Mensch.	[J] [N]
c) ... hat gute Argumente für seinen Job.	[J] [N]		

2. Hören

einschränken = begrenzen

3 Hören Sie das Interview ein zweites Mal. Bereiten Sie einen Notizzettel vor. Notieren Sie Stichwörter zu folgenden Themen, die im Interview angesprochen werden.
- I   Mit welchen Argumenten rechtfertigt Karzmann seine Tätigkeit? *Steuer / 5 Mio Arbeitsplätze, freie Entscheidg der Privatsphäre – Ratschläge*
- II Wie sieht seine Arbeit als Lobbyist aus? *dunkle Seite der Macht* – *Zuhören*
- III Was findet er interessant an seinem Beruf? *Argumente – Beeinflussen – Zahlen – Erfolg – kontroverse Themen*
- IV Wie reagieren Eltern und Freunde? *keine großen Probleme – zu höflich direkt zu kritisieren, rechtfertigen muss – feige*

Nach dem Hören

4 Vergleichen und ergänzen Sie die Stichworte mit Ihrem Lernpartner.

5 Spielen Sie das Interview mit Ihrem Lernpartner.

Partner A   stellt Fragen zu den ersten beiden Themen (I + II) aus Aufgabe 3; Partner B antwortet.

Partner B   stellt Fragen zu den letzten beiden Themen (III + IV) aus Aufgabe 3; Partner A antwortet.

6 *Kevin Karzmann hat mehrere Jahre erfolgreich als Tabak-Lobbyist gearbeitet. Plötzlich bekommt er Gewissensbisse.*
Was ist passiert?
Schreiben Sie einen Text. Orientieren Sie sich an den Berichten von Anja, Stephan, Ali und Julia. Verwenden Sie auch temporale Nebensätze in Ihrem Text.

7 Holger von der Organisation »LobbyControl« (www.lobbycontrol.de) hat das Interview gehört und schreibt seiner Kollegin, Marita, eine Zusammenfassung. Schreiben Sie die Zusammenfassung.

8 *Das »ja-Duell«.* Lesen Sie mit verteilten Rollen den folgenden Auszug aus dem Interview.
(K.K. = Kevin Karzmann; Inter = Interviewerin)

⇨ Warum verwenden die Sprecher in dem nebenstehenden Interview-Auszug »*ja*«?
Welche Absicht verfolgen sie?

⇨ Setzen Sie das Interview mit eigenen Fragen / Antworten fort. Verwenden Sie – mit der gleichen kommunikativen Absicht – die Partikel »*ja*«.

K.K.:   Und es gibt ja viele Menschen, die wollen rauchen, weil es sie entspannt, weil sie sich besser konzentrieren können, oder ganz einfach weil es ihnen schmeckt. Es ist ja ihre freie Entscheidung. Das ist meine ehrliche Überzeugung.

Inter: Pardon, aber ein Süchtiger entscheidet sich ja nicht mehr frei.

K.K.:   Ich gebe Ihnen Recht bei harten Drogen. Da würde ich niemals für werben. Aber Nikotin ist ja keine harte Droge.

Inter: …

Partikel ja

Satz	kommunikative Absicht
Man kann **ja** nicht leugnen, dass Rauchen tödlich sein kann. Es ist **ja** ihre freie Entscheidung.	*Bekannt!* Das halte ich für **wahr, richtig** und **bekannt**, und du solltest das auch so sehen.
Sie rauchen **ja**! Und das als Sportler!	*Überrascht!* Das **überrascht** mich. Und ich möchte, dass du das auch so bewertest wie ich.
Studieren Sie **ja** nicht Linguistik!	*Achtung!* Davor **warne** ich sie. Und über diese Ansicht braucht man nicht weiter zu diskutieren.

---

das Risiko, die Risiken das Nikotin der/die Parlamentarier/in	ein Gesetz verabschieden reizen *(es reizt jdn.)*	gelegentlich süchtig brutal leidenschaftlich

Beruf & Moral

Enrico Fermi, italienischer Physiker, (*29.09.1901; †28.11.1954) gelang 1942 erstmals eine Kernspaltungs-Kettenreaktion.

Otto Hahn (* 8.03.1879; †28.07.1968), deutscher Chemiker, erhielt 1944 den Nobelpreis für Chemie für die Entdeckung der Kernspaltung.

Paul W. Tibbets (* 23.02.1915; †01.11.2007), US-amerikanischer Bomberpilot, warf am 6. August 1945 die erste Atombombe über Hiroshima ab.

Max Planck (* 23.04.1858 †4.10.1947), deutscher Physiker, gilt als Begründer der Quantenphysik. Dafür erhielt er 1919 den Nobelpreis.

Niels Bohr (* 7.10.1885; †18.11.1962), dänischer Physiker, entdeckte, dass für die Kernspaltung das Element Uran 235 notwendig ist.

Robert Oppenheimer (* 22.04.1904; †18.02.1967), »Vater der Atombombe«, setzte sich nach Hiroshima und Nagasaki für die ausschließlich »friedliche Nutzung« der Kernkraft ein.

Albert Einstein (* 14.03.1879; †18.04.1955), Physiker, wurde durch die Relativitätstheorie weltberühmt.

Das Böse

Ein Mensch – was noch ganz ungefährlich –
Erklärt die Quanten (schwer erklärlich!).
Ein zweiter, der das All durchspäht,
Erforscht die Relativität.
Ein dritter nimmt, noch harmlos, an,
Geheimnis stecke im Uran.
Ein vierter ist nicht fernzuhalten
Von dem Gedanken, kernzuspalten.
Ein fünfter – reine Wissenschaft –
Entfesselt der Atome Kraft.
Ein sechster, auch noch bonafidlich*,
Will die verwerten, doch nur friedlich.

Unschuldig wirken sie zusammen:
Wen dürften, einzeln, wir verdammen?

Ist´s nicht der siebte erst und achte,
Der Bomben dachte und dann machte?

Ist's nicht der Böseste der Bösen,
Der's dann gewagt, sie abzulösen?

Den Teufel wird man nie erwischen:
Er steckt von Anfang an dazwischen.

Eugen Roth

*****bonafidlich** *von bona fide = guten Glaubens, gutgläubig; naiv*

1 *Ihre Kursleiterin / Ihr Kursleiter liest Ihnen das Gedicht vor.* **Hören Sie das Gedicht und lesen Sie mit.**

2 *In dem Gedicht wird von den Taten der abgebildeten Personen gesprochen.* **In welcher Reihenfolge werden die Personen im Gedicht erwähnt?** Von zwei Personen aus dem Gedicht gibt es kein Kurzportrait. Wer könnte gemeint sein?

3 Wer ist das / der Böse?

	Name
1	
2	
3	
4	
5	
6	
7	
8	
9	

LV 4

Leseübung. Arbeiten Sie zu zwei.

Partner A
- Lesen Sie den Text Ihrem Partner vor.
- Üben Sie vorher das Lesen. Beachten Sie die Zeichen für Satzmelodie und Betonungen.
- Berichten Sie Ihrem Partner, ob Sie sich ein Engagement neben dem Studium vorstellen können.

Amelie, 23, studiert Ethnologie und hilft Flüchtlingen

Ich habe außerhalb meiner Klausurphasen zum Glück ein eher entspanntes Studium und daher die Zeit, mich für soziale Gerechtigkeit zu engagieren. Seit drei Jahren bin ich über den Münchner Flüchtlingsrat Patin einer irakischen Flüchtlingsfamilie. Ich wollte gerne was mit Flüchtlingen machen, weil ich mich im Studium mit Migration und internationalem Recht beschäftige. Also gab ich in Google ‹München› und ‹Flüchtlinge› ein und fand gleich das Angebot (save-me-kampagne.de). Einmal pro Woche fahre ich nun zu dieser Familie: Ich helfe den Kindern bei ihren Hausaufgaben, den Eltern bei amtlichen Briefen, oder gehe mit ihnen aus. Das ist ein schöner Ausgleich zur Uni. Nebenbei lerne ich Arabisch und bekomme leckeres Essen. Für mich sind die Besuche kaum Aufwand und dennoch habe ich das Gefühl, etwas konkret Hilfreiches zu tun, weil ich die Probleme sichtbar lösen kann.

Neben der Familie bin ich noch in zwei weiteren Organisationen aktiv: Beim Freiwilligenaustausch ‹weltweit e.V.›, mit dem ich ein Jahr in Kenia war, und bei ‹La via campesina›, einer weltweiten Bewegung von Kleinbauern gegen Landraub, wo ich im Übersetzerteam arbeite. Mein Kalender ist also immer voll. Außerdem habe ich dank meiner Aktivitäten ein Stipendium, das mir finanziell den Rücken freihält, und ich bekomme auch sehr hilfreiche Anregungen zu Themen wie Flüchtlingsrechte und Umweltschutz, die mich im Studium weiterbringen.

Partner B
- Lesen Sie den Text Ihrem Partner vor.
- Üben Sie vorher das Lesen. Beachten Sie die Zeichen für Satzmelodie und Betonungen.
- Berichten Sie Ihrem Partner, ob Sie sich ein Engagement neben dem Studium vorstellen können.

Hans, 21, studiert Architektur und rettet Menschen

Feuerwehrmann sein war als Kind schon immer mein Traum. Mit 12 bin ich zur Jugendfeuerwehr gegangen, seit 2008 bin ich in der aktiven Abteilung der Freiwilligen Feuerwehr. Das wollte ich auch nicht aufgeben, als ich letztes Jahr für das Studium nach München zog. Pro Monat gibt es ein bis zwei verpflichtende Übungen, um körperlich fit zu bleiben und auf dem neuesten Stand der Technik zu sein. Vor allem bedeutet bei der Feuerwehr sein aber eine ständige Alarmbereitschaft, 24 Stunden am Tag, sieben Tage die Woche. Mein Handy ist gleichzeitig eine Art Pieper: Wenn es einen Alarm gibt und ich innerhalb der nächsten zehn Minuten zur Wache kann, versuche ich das auch. Mit Uni und Freizeitgestaltung verträgt sich das nicht immer: Manchmal habe ich einen Alarm, gerade bevor ich aus dem Haus will, auf einer Party bin oder im Hörsaal sitze. Nach langen Einsätzen kann es durchaus sein, dass ich völlig übermüdet zum Kurs komme. Die Arbeit ist zum Teil sehr belastend, denn es muss selbstverständlich sein, in Gebäude zu gehen, wo andere herausrennen und auch unschöne Anblicke nach Unfällen dürfen einen nicht zu sehr belasten. Doch ich mag das Gefühl, Menschenleben retten zu können und auch den Adrenalinkick bei jedem Einsatz. Es ist erstaunlich, welche Kräfte man in Alarmbereitschaft freisetzen kann.

Erklärungen zu Betonungen und Satzmelodie

- • Dieses Wort sollten Sie **betonen**. Der Punkt liegt unter der Silbe, auf der der Wortakzent liegt.
- → Weiterführender Verlauf der Satzmelodie: Die **Stimme bleibt auf gleicher Höhe** und senkt sich nicht wie am Ende eines Satzes.
- ~ Syntaktische Einheit (meist von Links- und Rechtsattributen): Diese Wortgruppen sollten **zusammen ohne Pause** gelesen werden.

5 STRESS

A Vervollständigen Sie folgende Sätze.

Stress habe ich immer, wenn _____

Wenn ich *gestresst* bin, dann _____

Wenn ich *Stress* habe, beruhige ich mich dadurch, dass _____

Die Situation verspricht Stress pur: Das Podium ist aufgebaut, das Mikrofon postiert, Scheinwerfer leuchten für die bereitgestellten Kameras die Bühne aus, das Auditorium murmelt erwartungsvoll. Dann betritt Hilmar Hippler den Saal. Stille. Der Redner geht zum Pult. Was geht in Hilmars Kopf, was geht in seinem Körper vor? – Genau das ist Hilmars Thema.

1. Hören

Im Hörtext werden die Wörter und Ausdrücke im Kasten unten verwendet.

⇨ Lesen die »Signale für Ziele, Zwecke, Funktionen.«
⇨ Schlagen Sie die angegebenen Wörter im Wörterbuch nach und legen Sie Abkürzungen für Ihre Notizen fest (siehe Beispiel »Herzschlagfrequenz«).

> **Hörtext: Physiologische Stressreaktionen**
> Vortrag, 479 Wörter ☺☺☺
> Im Text wird erklärt, was im Körper beim Stress abläuft. = passiert

1 Nennen Sie mindestens drei unerwartete und drei erwartete Stressoren:

unerwartet: ungewöhnliche Geräusche – Anblick – Erinnerung (Plötzlich) – Berührung *von Person*
erwartet: Prüf. Vorstellges – Vorträge

2 Schreiben Sie stichwortartig auf, welche physiologischen Vorgänge in den Organen 1 – 9 des Redners ablaufen (»Das bewirkt Stress im / in ...«).

2. Hören   Zi Hern

3 Lesen Sie die Angaben über die Funktionen dieser physiologischen Vorgänge (A – K) auf der nächsten Seite unten. Es handelt sich um nominale Kurzformen der Aussagen des Vortragenden.
Hören Sie den Text ein zweites Mal. Welche Funktion haben die Vorgänge? Tragen Sie die passenden Buchstaben in die rechte Spalte ein (»Funktion«).

Signale für Ziele, Zwecke, Funktionen	Wörter (Abkürzungen für Nomen)	
• Dadurch; durch; dadurch, dass	das Lampenfieber	sich erweitern
• um ... zu; damit; zur, zum	die Herzschlagfrequenz (Hf)	bereitstellen
• Das hat die Funktion	die Bronchien	durchbluten
• Das soll / Das bewirkt	der Thrombozyt *(Pl: ~en)*	gerinnen
• Das dient dazu, dass ...	die Glukose	freisetzen
	das Adrenalin	sich legen (hier: nachlassen, aufhören)
	das Noradrenalin	
	die Verdauung***	

50

HV 5

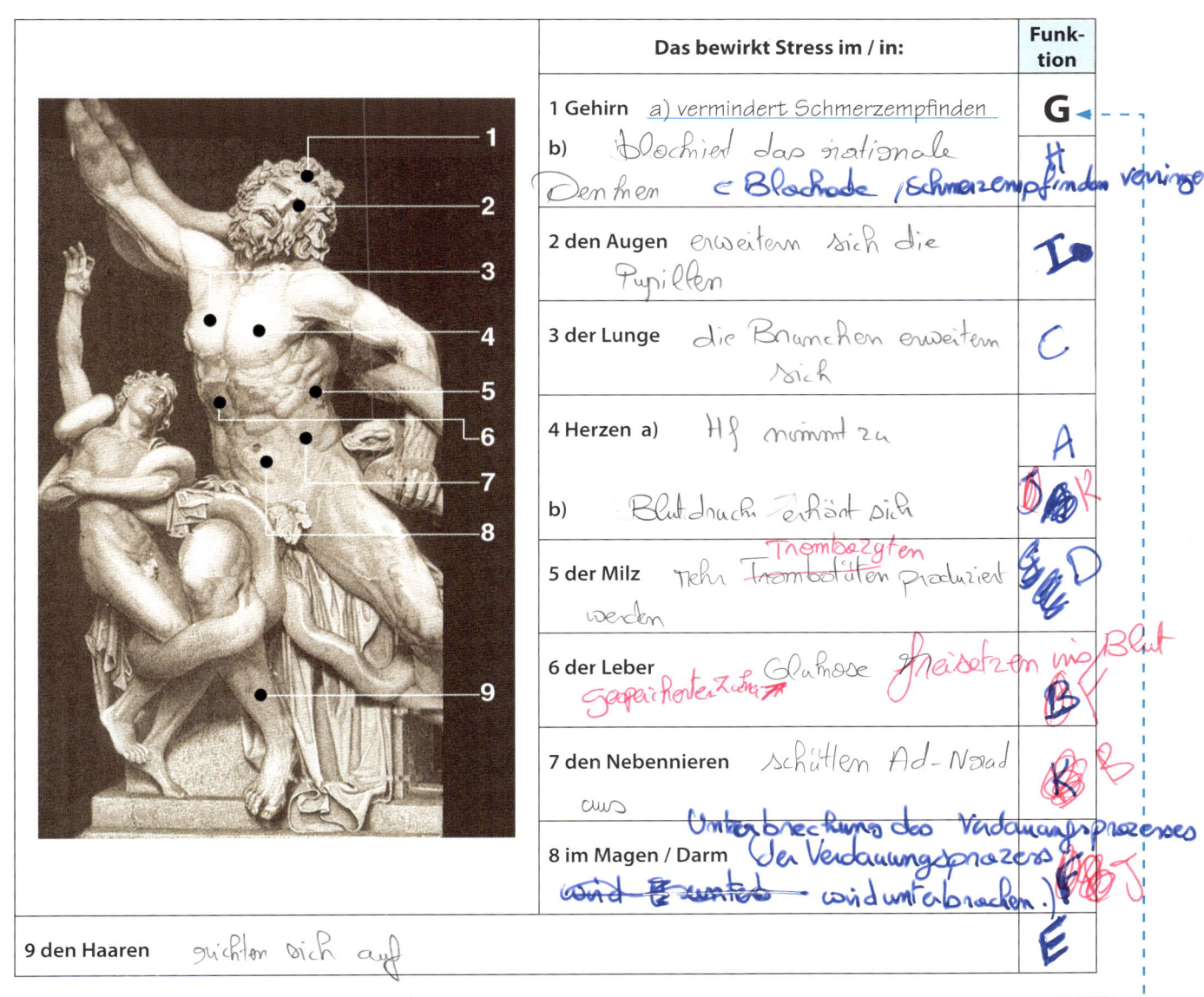

	Das bewirkt Stress im / in:	Funktion
1	Gehirn a) vermindert Schmerzempfinden	G
	b) blockiert das rationale Denken / Schmerzempfinden verringert	H
2	den Augen erweitern sich die Pupillen	I
3	der Lunge die Bronchien erweitern sich	C
4	Herzen a) Hf nimmt zu	A
	b) Blutdruck erhöht sich	K
5	der Milz mehr Thrombozyten produziert werden	D
6	der Leber gespeicherter Zucker Glukose freisetzen ins Blut	B
7	den Nebennieren schütten Ad-Noad aus	B
8	im Magen / Darm Unterbrechung des Verdauungsprozesses (Der Verdauungsprozess wird unterbrochen.)	J
9	den Haaren richten sich auf	E

Nach dem Hören

ÜB

4 Schreiben Sie zu den körperlichen Reaktionen mit Hilfe der Abbildung und der Tabelle **ganze Sätze**. Verwenden Sie die **verbale Form** auch bei den Funktionen.

Beispiel **1 Gehirn** Im Gehirn wird die Schmerzempfindung vermindert. Dadurch ist man weniger durch Schmerzgefühle behindert.

Funktionen der physiologischen Vorgänge

- **A** bessere Durchblutung von wichtigen Organen
- **B** schnelle Bereitstellung von Energie
- **C** Bereitstellung von mehr Sauerstoff
- **D** schnellere Blutgerinnung bei Verletzungen
- **E** Verminderung des Wärmeverlusts
- **F** Vorbereitung auf körperliche Anstrengungen
- **G** weniger Behinderungen durch Schmerzgefühle
- **H** ungestörtes Ausführen von Reflexhandlungen
- **I** Erhöhung des Sehvermögens
- **J** Abgabe der gesparten Energie an Muskulatur
- **K** Erhöhung von Leistungsvermögen, Kraft, Ausdauer

Hilmars Nervosität legt sich schnell. Er hat nämlich am »Trier Social Stress Test« teilgenommen. Was das ist, erfahren Sie auf der nächsten Seite.

Stress

A Bilden Sie Adjektive wie im Beispiel.

a) bewirkt Stress — stressbewirkend
b) mindert Stress — stressmindernd
c) reduziert Stress — stressreduzierend
d) fördert Stress — stressfördernd

e) erhöht Stress — stresserhöhend
f) verursacht Stress — stressverursachend
g) verhindert Stress — stressverhindernd
h) vermeidet Stress — stressvermeidend

Schweigen ist Gold

Bei dem «Trier Social Stress Test» müssen Probanden und Probandinnen in einem Raum vor einem Komitee eine Rede halten, die von einer Kamera aufgezeichnet und aufgenommen wird. Nach dem Vortrag wird den Probanden eine Speichelprobe entnommen und der Cortisolspiegel gemessen. Das Hormon Cortisol wird nämlich nach belastenden Stresssituationen ausgeschüttet, um den Körper wieder zu beruhigen und die Erregung zu dämpfen. Je mehr Cortisol also nachgewiesen werden kann, umso gestresster waren die Probanden während des Vortrags.

Bei einer Variante des Tests interessierten sich Stressforscher dafür, wie sich die Phase der Vorbereitung auf den Vortrag auf die Stressreaktion während des Tests auswirkt. Zunächst wurden Männer getestet. Es zeigte sich, dass Männer, die alleine zum Test kamen, einen dramatischen Stressverlauf aufwiesen. Unterhielten sie sich jedoch vor dem Test mit einer Frau, so hatten sie in ihrem Speichel weniger Stresshormone, selbst wenn ihnen die Frau nicht bekannt war. Am wenigsten gestresst waren sie, wenn sie die zehn Minuten vor dem Test mit der eigenen Partnerin verbrachten und diese ihnen Mut zusprach.

Bei Frauen hingegen waren die Ergebnisse anders: Kamen sie alleine, so bewältigten sie den Test am besten. Unterhielten sie sich vorher mit einem fremden Mann, so hatte das keinen Effekt auf ihren Stresspegel nach dem Test. Wurden sie jedoch von ihrem Partner begleitet und sprach dieser mit ihnen vor dem Test, so waren die Frauen weit mehr gestresst, als wenn sie alleine angetreten wären.

Forscher sehen den Grund für dieses überraschende Ergebnis darin, dass Männer verbal sogenannte «instrumentelle Unterstützung» boten, das heißt, sie gaben der Frau Tipps, wie sie sich verhalten und was sie dem Komitee unbedingt sagen solle. Obwohl die männlichen Ratschläge gut gemeint waren, eigneten sie sich nicht, um die Frauen zu beruhigen; im Gegenteil antizipierten die Frauen durch die Ratschläge den kommenden Stress, was ihre Herzschlagfrequenz und ihren Cortisolspiegel bereits in der Vorbereitungsphase ansteigen ließ.

Dieser Befund korrespondiert mit Untersuchungen, nach denen alleinstehende Frauen eine höhere Lebenserwartung haben als verheiratete Frauen. Auch bei verheirateten Paaren könne man also beobachten, dass Frauen für Männer stressreduzierend, umgekehrt jedoch Männer für Frauen eher stressfördernd seien.

In einem weiteren Test sollte nun erforscht werden, ob es für Männer trotzdem Möglichkeiten gibt, einen stressmindernden Einfluss auf Frauen auszuüben. Zu diesem Zweck variierten die Forscher den «Trier Social Stress Test»: Die erste Gruppe getesteter Frauen kam alleine, die zweite mit ihrem Partner, der ihnen zuredete, und die dritte Gruppe Frauen erhielt unter sachkundiger Anleitung einer Physiotherapeutin von ihrem Mann eine kurze Schulter-Nacken-Massage vor dem Stresstest. Am wenigsten gestresst waren jene Frauen, deren Mann schwieg und sie massierte. Ein paar wenige Massagegriffe genügten, und die Partnerin zeigte im Stresstest signifikant weniger freigesetzte Stresshormone.

1 Die Überschrift des Textes stammt aus dem Sprichwort »Reden ist Silber, Schweigen ist Gold«. Erklären Sie die Überschrift. Manchmal ist es besser zu schweigen statt etwas Unpassendes oder Überflüssiges zu sagen.

die Speichelprobe X der Spiegel *(in der Medizin)* das Hormon der Befund die Massage	dämpfen verbringen (verbrachte, verbracht) antizipieren korrespondieren mit	gut gemeint signifikant alleinstehend sachkundig

2 In dem Experiment wurden drei Varianten des Tests durchgeführt. Markieren Sie mit unterschiedlichen Farben in den Reagenzgläsern, welcher Cortisolspiegel jeweils ungefähr gemessen wurde. Gehen Sie als Orientierung von einem Wert von 60 aus (1. Test, Männer– allein: blau).

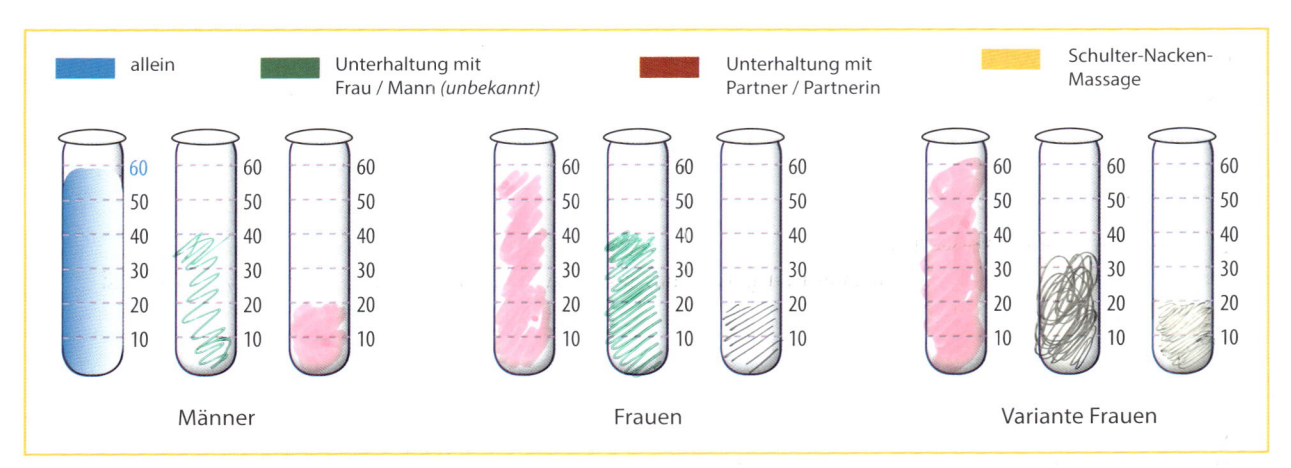

| allein | Unterhaltung mit Frau / Mann (unbekannt) | Unterhaltung mit Partner / Partnerin | Schulter-Nacken-Massage |

Männer — Frauen — Variante Frauen

3 [Fragen stellen] Rechts finden Sie Antworten aus dem Text, zu denen Sie Fragen stellen sollen. Für die Zeilen 1 – 6 sind als Hilfen mögliche Frageronomen angegeben.

Frage	Antwort
Zeile 1 – 6	
Was müssen die Probanden und Probandinnen tun? oder Was ist die Aufgabe der Probanden und Probandinnen?	Sie müssen vor einem Komitee eine Rede halten.
Wozu wird Cortisol ausgeschüttet? *nach Stresssituationen*	Das Hormon beruhigt den Körper und dämpft die Erregung.
Wann ~~ist man~~ *waren die Probanden* während des Vortrags gestresst?	Wenn viel Cortisol nachgewiesen werden konnte.
Zeile 7 – 12	
Was ~~ist mit den Männern~~ *Variante wenn* die allein zum Test kamen?	Sie hatten einen dramatischen Stressverlauf.
~~Wann~~ waren ~~Männer~~ am wenigsten gestresst?	Bei Begleitung ihrer Partnerin.
Zeile 13 – 16	
Wann bewältigten *die* Frauen den Test am besten?	Wenn sie allein kamen.
Wann waren sie *die* zweit mehr gestresst? *gestresster*	Wenn ihr Partner vor dem Test mit ihnen sprach.

4 a) Wie erklären sich die Forscher die Ergebnisse ihrer Untersuchung? b) Welches ist die beste Unterstützung für Frauen? Ergänzen Sie das Schema in Stichworten.

Tipps (= »instrumentelle Unterstützung«)

- wie sich Frauen verhalten / *Wie sollen sie sich verhalten?*
- was sie dem Komitee unbedingt sagen sollen?

→ *eignet sich nicht, um Frauen zu beruhigen.* sie eigneten nicht, die Frauen zu beruhigen

- den kommenden Stress antizipieren
- den Cortisolspiegel in der Vorphase ansteigen lassen
- *Herzschlagfrequenz erhöht sich*

Beste Unterstützung: ein paar Massagegriffe (die Massage) massieren und schweigen

etwas vorbeugen

Stress

A Im Text kommen mehrere Sätze mit der Infinitiv-Konstruktion *(an)statt ... zu* vor. In dieser Konstruktion wird (im »(an)statt«-Satz) eine Alternative genannt und gleichzeitig ausgeschlossen.

Ergänzen Sie die ausgeschlossenen Alternativen in den folgenden Sätzen.

> **Hörtext: Strategien gegen Stress**
> Vortrag, 690 Wörter
> Im Text werden Methoden genannt, wie man Stress bekämpfen und vermeiden kann.

a) Ich ignoriere seine Provokation, *anstatt mich ständig aufzuregen.*

b) Ich lasse meinen Fernseher reparieren, *anstatt das selber zu machen*

c) *Anstatt weiterzulesen,* mache ich jetzt das Buch zu.

d) (eigenes Beispiel komplett) *Anstatt dir zuzuhören, bevorzuge ich, Disney-Chanel anzuschauen.*

1. Hören

1 Lesen Sie die folgenden Maßnahmen zur Stressbewältigung.
⇨ Welche würden Sie auch anwenden (👍), welche nicht (👎)? Bitte ankreuzen.
⇨ Hören Sie den Text und entscheiden Sie, ob im Text (sinngemäß!) die Maßnahmen als sinnvoll (**S**) oder falsch (**F**) bezeichnet werden, oder ob diese Maßnahme gar nicht im Text erwähnt wird (**?**).

	👍	👎	S	F	?
1. Jens: »Ich bin nie gestresst. Ich passe auf, dass ich nicht in Situationen komme, die Stress bereiten.«		X		X	
2. Nina: »Ich versuche, das, was mir Stress bereitet, sofort zu ändern.«	X			X	X
3. Kathrin: »Ich betrachte die Situation, die mir Stress bereitet, aus einer anderen Perspektive.«		X	X		X
4. Lukas: »Ich werfe zwei Gläser an die Wand und schlage mit der Faust auf den Laptop.«		X		X	X
5. Swea: »Ich schalte das Nachdenken über die Stresssituation einfach ab und mache etwas anderes.«		X	X		
6. Iris: »Ich denke ständig über das Problem nach, das mir Stress bereitet.«	X			X	X
7. Markus: »Drei Gläser Wodka, und der Stress ist vorbei!« *verschoben*		X		X	X
8. Jens: »Ich spreche mit meiner Freundin über die Stresssituation.«		X		X	X

2. Hören

2 Wie lauten die beiden Grundregeln des Anti-Stress-Programms?

1. Grundregel _____

weil erstens _____

und zweitens _____

2. Grundregel

weil _____

die Strategie die Taktik die Anspannung die Faustregel	vermeiden zu schaffen machen kreisen um sich anstrengen	kognitiv

54

HV 5

3 Welche Situationen bereiten besonders viel Stress?

_____

4 Die Strategie Nr. 1 heißt: »*Benutzen Sie Ihren Kopf!*«. Charakterisieren Sie die dazugehörigen 4 Taktiken.

Taktik 1: Uminterpretationstaktik _____

Beispiel Ihre Lehrerin. »*Erklären Sie das Wort: Stressvermeidungsstrategieratgeber!* »

falsche Reaktion _____

richtige Reaktion _____

Taktik 2: Ablenkungstaktik _____

Beispiel _____

_____

Taktik 3: Reminiszenztaktik _____

Taktik 4: Veräußerungstaktik _____

Hilfe bei _____

5 Charakterisieren Sie die 2. Strategie (»*Strengen Sie sich an!*«).

Strategie _____

Beispiele _____

Physiologische Funktion _____

paradox, weil _____

6 *Achtung Mathematik + Hörverstehen!* Wie hoch wäre *Ihre* optimale Pulsfrequenz beim Antistress-Joggen?

meine Pulsfrequenz _____

Nach dem Hören

7 Erstellen Sie ein »Handout« für den Vortrag.
- Orientieren Sie sich an dem nebenstehenden Muster.
- Fassen Sie sich kurz. Zum Beispiel können Sie jeweils die Grundregel, die Strategie und die Taktik nennen und einen dazu passenden Imperativ formulieren.

8 Im Vortrag fehlt eine kurze Zusammenfassung am Schluss des Vortrags. Schreiben Sie die Zusammenfassung. Verwenden Sie die Redemittel für eine Zusammenfassung aus Kapitel 2, S. 20.

Universität München   Mustafa Mustermann
Kurs C1   14. April 2014
Prof. Dr. Stressmann

Strategien gegen Stress

1. Grundregel: Stresssituationen nicht immer aus dem Weg gehen!
2. Grundregel: _____
Strategie 1: Benutzen Sie Ihren Kopf!
Taktik 1: Uminterpretationstaktik: _____!
Taktik 2: _____
...

Finalsätze

1 Markieren Sie in dem Text alle Ausdrücke, die ein Ziel, einen Zweck oder eine Funktion angeben.

Unvorteilhaftes Erbe

Die Stressreaktion ist die Fähigkeit des Körpers zur Anpassung an auftretende Gefahrensituationen, um das Überleben zu sichern. Es wird Energie bereitgestellt, um eine Reaktion zu ermöglichen, die der Situation angemessen ist: Angriff, Flucht oder Erstarrung.

Eigentlich ist Stress etwas Nützliches. Wir müssen uns körperlich anstrengen, um Muskeln aufzubauen und stark und ausdauernd zu werden. Und genauso brauchen wir psychische Herausforderungen, um unseren Geist zu entwickeln und Neues zu lernen. Stress ist oft ebenso notwendig, damit Denkvermögen und Konzentration in kritischen Situationen gestärkt werden. Und zur Bewältigung von Gefahren mobilisiert Stress in Sekundenbruchteilen zusätzliche Energie.

Das Problem ist nur: Das biologische Stresssystem des Menschen ist ein Erbe der Vorzeit. Es ist vor allem für Situationen ausgelegt, in denen es unmittelbar um Leben oder Tod ging – also zum Beispiel damit der Angriff eines Raubtiers abgewehrt werden konnte. Heute entsteht Stress aber in der Regel in ganz anderen Situationen. Um Prüfungen zu bewältigen oder sich im Straßenverkehr zu orientieren, sind die physiologischen Stressreaktionen zu stark. Die bereitgestellte Energie wird nicht verbraucht.

2 Ergänzen Sie die Lücken.

Nominalstil: Finalsätze

zur Sicherung	_des_ Überlebens	um das Überleben zu _sichern_	
zur _Abwehr_	eines Angriffs	_um den_ Angriff ab _zu_ wehren	
Zur Bewältigung von	_Prüfungen_	damit Prüfungen _bewältigt_ _werden_	
finale Präposition + Nomen + Genitivattribut / Präpositionalattribut		finale Subjunktion + Verb	

(Zwecks)

▶ GR S. 117

3 *Positiver Stress (»Eustress«) ist wichtig ...* – Ergänzen Sie die fehlenden Formulierungen.

verbal	nominal
... um Muskeln aufzubauen	zum Aufbau von Muskeln
... um Aufmerksamkeit in kritischen Situationen zu erhöhen	zur Erhöhung von Aufmerksamkeit in kritischen Situationen
... um die Leistungsfähigkeit zu erhöhen	zur Erhöhung der Leistungsfähigkeit
... damit das Denkvermögen gestärkt wird	zur Stärkung des Denkvermögens
... um Glück zu empfinden	zur Empfindung von Glück
... um sich für anstrengende Aufgaben zu motivieren	zur Motivation für anstrengende Aufgaben
... um sein Alibi nachzuweisen	zum Nachweis seines Alibis

ÜB ▶

GR 5

4 *Nominalstil.* Nominalisieren Sie die beschriebenen Reaktionen des Körpers.

A Wenn die Stressituation bewältigt ist, kehrt der Körper wieder in den »Normalzustand« zurück. Das bedeutet:

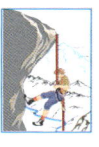

1 Gehirn	Die **Denkprozesse normalisieren** sich.
2 Herz / Kreislauf	Blutdruck und Herzschlagfrequenz kehren zu Normalwerten zurück. Die Durchblutung ist wieder gleichmäßig.
3 Hormonhaushalt	Der Hormonhaushalt wird neu reguliert.
4 Magen / Darm	Der Verdauungsprozess wird wieder aufgenommen. Die Schleimhäute werden wieder ausreichend durchblutet.

1 Gehirn — Normalisierung der Denkprozesse

2 Herz — Rückkehr von Blutdruck und Herzschlagprozess zu Normalwerten. Gleichmäßigkeit der Durchblutung.

3 Hormone — neue Regulierung / Regulation des Hormonhaushaltes.

4 Magen — ~~Aufnahme~~ Wiederaufnahme des Verdauungsprozesses. Ausreichende Durchblutung der Schleimhäute.

B Wenn aber Stressreaktionen zu oft ausgelöst werden, kann Dauerstress entstehen. So wirkt sich Dauerstress aus:

1 Gehirn	Die kognitive Leistungsfähigkeit ist eingeschränkt. Die Konzentrationsfähigkeit nimmt ab. Kopfschmerzen treten gehäuft auf.
2 Herz / Kreislauf	Der Blutdruck erhöht sich und die Blutgefäße werden beschädigt, sodass gefährliche Mikroverletzungen entstehen.
3 Hormonhaushalt	Der Hormonhaushalt wird gestört. Es treten Schlafstörungen auf, Müdigkeit und Wutausbrüche nehmen zu. Man reagiert auf Probleme ständig nervös.
4 Magen / Darm	Die Schleimhäute werden nur gering durchblutet, sodass Entzündungen und Geschwüre entstehen (können).

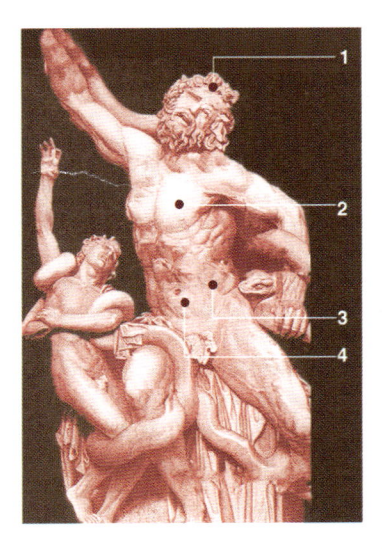

WiwiS	**Der Genitiv**
Nominativ	**Genitiv**
der (ein) Arm	des (eines) Arms
die (eine) Lunge	der (einer) Lunge
das (ein) Auge	des (eines) Auges
die Beine (–)	der Beine (**von** Beinen = Dativ!)

1 Gehirn — Einschränkung der kognitiven Leistungsfähigkeit. Abnahme der Konzentrationsfähigkeit. ~~Auftritt~~ gehäuftes Auftreten von Kopfschmerzen.

2 Herz — Erhöhung des Blutdrucks und Beschädigung der Blutgefäße → Zum Entstand / Entstehung gefährlicher Mikroverletzungen.

3 Hormone — Störung des Hormonhaushaltes. ~~Auftritt~~ Auftreten der Schlafstörungen. Zunahme von Müdigkeit und Wutausbrüchen; ständig nervöse Reaktionen auf Probleme.

4 Magen — geringe Durchblutung der Schleimhäute. → Zum / Zwecks Entstand / Möglichkeit der Entstehung von Entzündungen und Geschwüren.

6 Geschwister

Sie können sich anstrengen, wie sie wollen: Mindestens einer ist immer schon da, der mehr Kraft in den Fäusten und mehr Worte im Kopf und mehr Spiele im Schrank hat. Der alles besser weiß und kann – oder zumindest meint, er wisse und könne alles besser. Der einen bis zur Weißglut reizt und der doch innigste Geheimnisse mit einem teilt: das Versteck der Schokolade, die erste Zigarette ...

A Von wem ist im Text oben die Rede?

1 Schließen Sie das Buch. Hören Sie das Gedicht. Sprechen Sie darüber, was Sie verstanden haben.

2 Lesen (und hören) Sie das Gedicht.
- Markieren Sie mit unterschiedlichen Farben die gegensätzlichen Gefühle, die Geschwister füreinander empfinden.
- Wie interpretieren Sie die vorletzte Zeile »auf wächst der Heckenrosenkreis«?

Geschwister *von Marie Luise Kaschnitz*

Was anders heißt Geschwister sein
Als Abels Furcht und Zorn des Kain,
als Streit um Liebe, Ding und Raum,
als Knöchlein am Machandelbaum*,
und dennoch, Bruder, heißt es auch,
die kleine Bank im Haselstrauch,
den Klageton vom Schaukelbrett,
das Flüstern nachts von Bett zu Bett,
den Trost.

Geschwister werden später fremd,
vom eigenen Schicksal eingedämmt,
doch niemals stirbt die wilde Kraft
der alten Nebenbuhlerschaft,
und keine andere vermag
so bitteres Wort, so harten Schlag.
Und doch, sooft man sich erkennt
Und bei den alten Namen nennt,
auf wächst der Heckenrosenkreis.
Du warst von je dabei. Du weißt.

* Titel eines Märchens von P. O. Runge. Eine Stiefmutter tötet und kocht ihren Stiefsohn und setzt ihn dem Vater als Speise vor. Die Schwester vergräbt die Knochen unter einem Machandelbaum (Heidewacholder). Aus ihnen entsteht ein Vogel, der das Geschehnis erzählt, Vater und Schwester beschenkt, die Stiefmutter tötet und sich wieder in den Bruder verwandelt.

eindämmen = verhindern, dass sich etwas ausbreitet, größer wird
Nebenbuhlerschaft = Rivalität, Konkurrenz

1 Lesen Sie den Text über die Gebrüder Mann. Stellen Sie die Unterschiede zwischen den Brüdern tabellarisch zusammen.

Thomas	Heinrich
Großbürger, Mitglied der High Society	Sympathisant der Kommunisten

Die Gebrüder Mann

»Ich bin geworden wie ich bin, (...) weil ich nicht werden wollte wie du«, sagt Thomas Buddenbrook im Streit zu seinem Bruder Christian. Thomas Mann hat diesen Satz seiner Romanfigur in seinem Roman *Buddenbrooks* auch auf sein Verhältnis zu Heinrich Mann bezogen. Sternstunden der Weltliteratur verdanken sich diesen Gefühlen von Nähe, Herkunft und daraus resultierender Abgrenzung, ja von Hass.

Kein Bruderpaar hat die deutschsprachige Literatur des 20. Jahrhunderts derart geprägt wie Thomas Mann und sein Bruder Heinrich. Heinrich, der Sympathisant der Kommunisten, auf der einen Seite des politischen Lagers, Thomas, der Großbürger und Mitglied der High Society, auf der anderen.

Als Thomas Mann die Schule verließ, war sein älterer Bruder sein leuchtendes Vorbild: ein Intellektueller mit besten Verbindungen, vielseitigen Interessen, er war erfolgreich und schlug die Karriere eines Schriftstellers ein. Die Brüder gaben für viele Jahre ein gutes Team ab und planten ihre schriftstellerische Arbeit gemeinsam. Rasch wurde allerdings klar, dass sie auch Konkurrenten waren. Es gab den ersten scharfen Streit, Thomas Mann musste sich von Heinrich unterscheiden lernen. Die Brüder entwickelten sich politisch und kulturell auseinander. Thomas Mann wählte den bürgerlichen Weg der Heirat in großbürgerliche und wohlhabende Häuser. Heinrich verachtete diese Welt, er lebte bis 1910 mit Inés Schmied in ‚wilder Ehe'. Thomas lehnte das ab.

Der Bruderzwist spitzte sich mit dem Ausbruch des Ersten Weltkrieges zu. Sieben Jahre lang hatten sie keinen Kontakt zueinander. Heinrich Mann hatte gerade den Roman *Der Untertan* abgeschlossen. Er stand dem Hurra-Patriotismus skeptisch gegenüber, wie ihn Thomas Mann in *Gedanken im Kriege* äußerte.

Die Auseinandersetzung der beiden Brüder ist repräsentativ für die Kräfte, die sich in Europa und in Deutschland unversöhnlich gegenüberstanden: Nationalismus und Internationalismus, Kriegsbegeisterung und Pazifismus – beides trennte zwei deutschsprachige Schriftsteller, zwei Geschwister, eine Familie. Am Ende des Krieges hatte Heinrich Mann mit dem Roman *Der Untertan* großen Erfolg, denn er kritisierte beißend die deutsche Mentalität, die mit zum Weltkrieg geführt hatte. Thomas Manns Roman *Betrachtungen eines Unpolitischen* war dagegen auch ein trotziges Manifest der Rechtfertigung eines deutschen Überheblichkeitsgefühls.

Erst 1922 gelang die Aussöhnung zwischen den Brüdern. Thomas hatte sich vom nationalistischen Irrweg verabschiedet, 1929 bekam er den Nobelpreis für Literatur für seinen Roman *Buddenbrooks*. Erst jetzt trafen sich die Familien regelmäßiger.

Das Exil nach 1933 bedeutete für Heinrich Mann einen Bruch. Wie sein Bruder nahm auch er 1936 nach der Ausbürgerung – Heinrich Mann war einer der Ersten, die auf der Liste der Nationalsozialisten stand – die tschechische Staatsangehörigkeit an. Die Bücher des einst Gefeierten wurden in Deutschland verbrannt. Heinrich Mann lebte bis zu seinem Tod in Amerika. Thomas Mann folgte ihm 1938, integrierte sich dort schnell in die akademische Welt und High Society. Für Heinrich war es eine fremde Welt, deren Lebensstil er nicht teilte.

Heinrich Mann verarmte und war auf die Schecks seines Bruders angewiesen. Thomas kam Heinrich zwar zu Hilfe und fand anerkennende Worte für sein literarisches Schaffen – an seinem Leben teilhaben ließ er ihn aber nicht. Dies lag nicht zuletzt an Nelly, die schon vor Jahren begonnen hatte, ihre Probleme im Alkohol zu ertränken und die Ablehnung der Familie Thomas Manns zu spüren bekam; sie nahm sich 1944 das Leben.

Heinrich Mann starb am 12. März 1950 in den USA. Thomas Mann kehrte 1952 nach Europa zurück und lebte bis zu seinem Tod, am 12. August 1955, in der Schweiz.

2 Welche Gründe für den Bruderzwist werden im Text genannt?

der Patriotismus	sich verdanken	großbürgerlich
der Zwist	sich abgrenzen von	skeptisch
das Manifest	eine Karriere einschlagen	unversöhnlich
das Exil	verachten	repräsentativ
die Staatsangehörigkeit	sich zuspitzen	beißend
der Irrweg	sich aussöhnen mit	trotzig
	ausbürgern	überheblich
	verarmen	
	teilhaben lassen an etwas	

Geschwister

1 Lesen Sie den Text einmal ganz. Markieren Sie links neben den Textspalten, was für Sie und Ihre persönliche Situation in Ihrer Familie zutrifft (+) oder nicht zutrifft (−).

2 Lesen Sie den Text abschnittsweise.
- ⇨ Markieren Sie das Themenwort / die Themenwörter in jedem Abschnitt.
- ⇨ Schreiben Sie zu jedem Abschnitt in Kurzform die wichtigsten Informationen an den Rand *(siehe Beispiel ab Z. 13)*

Geliebte Rivalen

»Ich bin vier Jahre alt, und eine fette, missgestaltete Person spielt plötzlich die Hauptrolle«, erinnert sich der schwedische Filmregisseur Ingmar Bergman; fortan habe er Pläne gemacht, »wie man das abscheuliche Geschöpf auf verschiedene Weisen umbringen kann«.

So erinnerte sich der Filmemacher Ingmar Bergman an seine Gefühle nach der Geburt seiner jüngeren Schwester. Derart heftige Emotionen gegenüber Geschwistern sind nach Ansicht von Geschwisterforschern normal – Hass ebenso wie Liebe, Rivalität ebenso wie Solidarität. Geschwisterbeziehungen zählen zu den dauerhaftesten Bindungen. Die Eltern sterben, Freunde kommen und gehen, Ehen zerbrechen – aber Geschwister begleiten uns oft lebenslang, selbst wenn der Kontakt im Erwachsenenalter häufig abnimmt.

Dabei sind Geschwister trotz gemeinsamer Gene sehr unterschiedlich. Ein Grund dafür sind unterschiedliche Positionen innerhalb der Familie, die durch das Alter bedingt sind. Obwohl es nicht möglich ist, direkte kausale Beziehungen zwischen Charaktereigenschaften und einer bestimmten Position in der Geschwisterfolge herzustellen, lassen sich dennoch folgende Tendenzen feststellen.

Geschwister unterschiedlich
Grund: unterschiedl. Positionen in Fam. (Alter!)

Es liegt auf der Hand, dass Erstgeborene oft früh Verantwortung für jüngere Geschwister übernehmen. So kann etwa ein Siebenjähriger durchaus zeitweise auf ein Baby aufpassen, während die Eltern im Supermarkt um die Ecke einkaufen. Solche Aufgaben zu übernehmen, erfüllt ältere Geschwister häufig mit Stolz. Nicht selten wachsen sie *deshalb* in eine dominante Rolle als Beschützer oder Vorbild hinein.

Tendenzen
Erstgeborene
- *früh Verantwortung*
- →

Mittelkinder, auch Sandwich-Kinder genannt, haben oft einen schweren Stand. Sie besitzen weder die Überlegenheit und Privilegien des Erstgeborenen noch die besondere Aufmerksamkeit, die dem Jüngsten zuteil wird. So kämpfen sie nicht selten durch provokatives Verhalten um die Beachtung der Eltern, sind fordernder und aggressiver. Andererseits ist auch oft zu beobachten, dass sie aus ihrer Doppelrolle als Jüngere und Ältere heraus diplomatisches Geschick entwickeln und kompromissbereiter als ihre Geschwister sind.

Die Letztgeborenen (»Nesthäkchen«) werden oft verwöhnt und müssen weniger Aufgaben im Haushalt übernehmen. Das Nesthäkchen wird

Geschwister	zuteil werden	dominant
Rivalität, der Rivale, die Rivalin	verwöhnen	kompromissbereit
die Kehrseite	konkurrieren	verzogen
die Gunst	überbieten	egozentrisch
die Ethik	ausweichen	extrovertiert
	Wert legen auf	komplementär

60

innerhalb der Familie meist von allen in Schutz genommen: von den Eltern, wenn es Streit zwischen den Geschwistern gibt, und von den Geschwistern, wenn es Ärger mit den Eltern gibt. Obwohl es sehr angenehm für das jüngste Kind ist, ständig verteidigt zu werden, hat das Ganze auch eine Kehrseite: Um aus dem Schatten der älteren Geschwister herauszutreten, bedarf es besonderer Leistungen und Eigenschaften.

Lange Zeit galten Einzelkinder als besonders problematisch. Sie seien egozentrisch, verzogen und intolerant. Aber so gut wie alle empirischen Studien zeigen, dass es sich bei diesen Etikettierungen um Vorurteile handelt. Häufig beobachten lässt sich allerdings, dass Einzelkinder extrovertierter und kontaktfreudiger sind, was sich leicht damit erklären lässt, dass sie mangels Spielgefährten in der Familie gezwungen sind, außerhalb der Familie Kontakte herzustellen. Als nachteilig für Einzelkinder wird angesehen, dass die Eltern ihre eigenen Wünsche und Erwartungen auf ein Kind projizieren und es damit überfordern.

Ein weiterer Grund für die Unterschiede zwischen Geschwistern ist die Rivalität, die unvermeidlich zwischen ihnen auftritt. Dabei geht es zum einen um die Gunst der Eltern, um die konkurriert wird. Damit verbundene Gefühle sind Neid, Eifersucht, Schmerz, Wut, aber auch Missgunst bis hin zu Hassgefühlen. Untersuchungen haben ergeben, dass die Rivalität zwischen Geschwistern besonders heftig ist, wenn sie altersmäßig eng benachbart sind und das gleiche Geschlecht haben.

So unangenehm Rivalitäten zwischen Kindern für die Eltern auch sind, spielen sie doch eine wichtige Rolle in der Kindesentwicklung. In der Auseinandersetzung zwischen den Geschwistern geht es darum, Unverwechselbarkeit und Individualität herauszubilden. Anstrengungen, anders als die Geschwister zu sein, sind unverzichtbar, um als Individuum anerkannt zu werden.

Psychologen bezeichnen diese Abgrenzung von den Geschwistern als »De-Identifikation«. Der Mechanismus wirkt umso stärker, je ähnlicher sich ein Geschwisterpaar ist. In einer Familie kann auf Dauer nur ein Kind eine bestimmte Rolle spielen oder einen bestimmten Platz einnehmen. Wenn also beispielsweise das ältere Kind seinen Platz als schönes, attraktives, charmantes Mädchen gefunden hat, bleiben dem zweiten Mädchen zwei Möglichkeiten: Es versucht das ältere in diesen Merkmalen zu überbieten, also noch attraktiver, charmanter usw. zu erscheinen, oder aber es weicht auf ein anderes Gebiet aus: Sie legt weniger Wert auf Äußeres, glänzt aber in der Schule und durch scharfen Intellekt. In den meisten Familien lassen sich komplementäre Geschwisterkombinationen finden: Wenn ein Kind eher als Kopfmensch mit zwei linken Händen gilt, dann findet sich meistens ein handwerklich geschicktes Geschwister, und brave, angepasste Geschwister leben fast immer mit einem Kämpfer, einem Rebellen oder einer Rebellin zusammen.

3 Welche der folgenden Geschwister entsprechen wissenschaftlichen Forschungen (R), welche nicht (F)?

	R	F
1. Raffael ist 9 Jahre und hat zwei jüngere Schwestern: Swenja (2) und Leonie (4). Zwischen Raffael und Leonie gibt es permanent Streit. Es herrscht eine große Rivalität zwischen den beiden.		
2. Johannes (14) und Paul (13) sind beide sehr sportlich. Sie spielen Fußball in der gleichen Mannschaft.		
3. Lena (11) hat einen jüngeren Bruder, Tilman, und eine ältere Schwester, Tanja. Zwischen Paul und Tanja gibt es oft Streit. Lena versucht immer, den Streit zu schlichten.		
4. Lukas hat drei Geschwister. Er ist der Jüngste. Seine Geschwister beschweren sich ständig bei den Eltern über ihn.		

Geschwister

1. Hören

1 Trifft Sulloways Theorie auf Sie (Ihre Familie) zu oder nicht?

2 Schauen Sie sich das Schema in Aufgabe 3 an. Besprechen Sie mit Ihrem Lernpartner, was Sie schon verstanden haben.

2. Hören

3 Ergänzen Sie in Stichworten das Schema.

> **Hörtext: Die erstaunlichen Erkenntnisse des Frank Sulloway**
> Vortrag, 693 Wörter ☺ ☺ ☺
> Der Historiker Sulloway hat herausgefunden, dass Geschwister einen großen Einfluss auf den Lebenslauf haben. Seine Theorie ist umstritten.

1. Fragestellung am Anfang			
2. Forschungshypothese			
3. Forschungsmethode			
4. auffälliges Merkmal (Markieren Sie rot wie bei Darwin.)	Darwin 👤👤👤👤*👤*		
	Russel 👤👤👤👤👤	☐ Befürworter	☐ Kritiker Darwins
	Agassiz 👤👤👤👤	☐ Befürworter	☐ Kritiker Darwins
	Cuvier 👤👤	☐ Befürworter	☐ Kritiker Darwins
5. Ergebnis der Forschung			
6. Entdeckung bei Theorien von *Kopernikus Einstein Freud*			
7. Evolutionäre Familientheorie: Eigenschaften der Kinder	Erstgeborene		
	mittlere		
	Letztgeborene		
8. Einwände gegen Theorie	1. Einwand		
	2. Einwand		
	3. Einwand		

HV 6

Nach dem Hören

4 Welcher Zusammenhang besteht zwischen der evolutionären Familientheorie und den Thesen von Sulloway?

_____
_____
_____
_____

5 Fassen Sie die Punkte 4 *(auffälliges Merkmal)* und 6 *(Entdeckung bei anderen Wissenschaftlern)* schriftlich zusammen. Verwenden Sie die Redemittel »Beispiele anführen, erläutern«.
Bedenken Sie, dass in dem Vortrag die Theorie von Sulloway vorgestellt wird. Sie müssen also die Redemittel umformulieren.

Beispiel: *Sulloway nennt dazu einige Beispiele. Darwin ...*

Präsentation: Beispiele anführen, erläutern
▸ Ich möchte euch dazu einige Beispiele nennen.
▸ Zur Veranschaulichung / Erläuterung nenne ich folgende Beispiele.
▸ Dazu folgende Beispiele:
▸ Lasst mich das mit folgenden Beispielen erläutern.
▸ Ein weiteres Beispiel ist ...

6 Ergänzen Sie den folgenden Lückentext mit den Ausdrücken aus dem Kasten unten (»*Thesen, Theorien, Einwände*«).

Sulloway _____ die _____, dass eine bestimmte Persönlichkeitsstruktur notwendig ist, um radikale Ansichten zu vertreten. Nach empirischen Untersuchungen stellte er fest, dass die Spätgeborenen eher zu revolutionären Theorien neigten als die Erstgeborenen. Aus diesem Grund _____ er die _____: Die Geschwisterfolge übt einen großen Einfluss auf die Entwicklung der Persönlichkeit aus. Seine _____ wird von Forschern _____, die wie er Anhänger der sogenannten evolutionären Familientheorie sind.

Familienforscher haben verschiedene _____ gegen Sulloways Theorie _____. Ein _____, dass man in der Geschichte auch sehr viele Gegenbeispiele finden könne. Sulloway hat diesen _____: Bei den Gegenbeispielen handele es sich um Ausnahmen. Ein weiterer _____, _____ sich Sulloways Erkenntnisse nicht auf die heutige Zeit übertragen lassen. Insgesamt gilt Sulloways _____ deswegen als _____.

Studien, Hypothesen, Thesen, Theorien, Einwände					
eine **Studie**	durchführen	eine **These**	aufstellen formulieren	die Einschränkung	
eine **Theorie**	entwickeln aufstellen ablehnen unterstützen widerlegen	einen **Einwand**	erheben vorbringen zurückweisen	revolutionär etabliert überproportional umgänglich relevant statisch	
eine **Hypothese**	aufstellen	ein **Einwand** lautet besteht darin, dass bezweifeln			

Geschwister

Geschwisterforschung

Die Geschwisterforschung hat lange Zeit wenig Beachtung gefunden, obwohl Geschwister für die individuelle Entwicklung wichtig sind. Zwar gibt es schon seit Jahrzehnten verschiedene Studien zu Geschwistern, aber eine umfassende sozialwissenschaftliche Erforschung steht erst am Anfang.

Was die Forscher bereits wissen, widerspricht vielen Überzeugungen und Klischees:

- Auch wenn Geschwister in der Regel eigene Wege gehen, wenn sie das Elternhaus verlassen, bleibt eine Beziehung zwischen ihnen ein Leben lang bestehen.
- Obwohl Geschwister das Erbgut derselben Eltern in sich tragen und in derselben Umgebung aufwachsen, unterscheiden sie sich stärker im Charakter voneinander als willkürlich auf der Straße aufgelesene Personen mit entsprechendem Alter, entsprechendem Geschlecht und ähnlicher sozialer Herkunft. Der Befund gilt bis hin zum Intelligenzquotienten.
- Zwar behaupten die meisten Eltern, keines ihrer Kinder zu bevorzugen. Trotzdem behandeln sie sie nicht gleich. Oft haben Vater und Mutter unterschiedliche Favoriten.
- Streit und Balgerei im Kinderzimmer sind für Eltern ein ständiges Ärgernis. Gleichwohl sind sie notwendig für die Entwicklung der Kinder, die in der Abgrenzung zu ihren Geschwistern ihre Persönlichkeit herausbilden.
- Trotz gemeinsamen Aufwachsens in der gleichen Umgebung erleben Geschwister nie das Gleiche. Auch die gemeinsamen Rituale der Kindheit nehmen sie unterschiedlich wahr: Den einen quält das Abendlied vor dem Zubettgehen, der andere versteht es als mütterliche Zuwendung.

Möglicherweise hat das aufkommende wissenschaftliche Interesse etwas damit zu tun, dass in den westlichen Industrieländern ein tiefgreifender Wandel der Familienverhältnisse stattfindet. Ein Merkmal dieses Wandels ist die Geburtenrate, die trotz wachsenden Wohlstands in den reichen Ländern sinkt. Um diesen Trend zu stoppen, wurden Eltern von den Regierungen verschiedene finanzielle Anreize wie Kindergeld zur Verfügung gestellt. Trotzdem werden zum Beispiel in Deutschland Familien mit Geschwisterkindern immer seltener.

1 Lesen Sie den Text. Markieren Sie im Text alle Konnektoren, die einen *Sachverhalt einschränken*, eine *unerwartete Folge* ausdrücken oder etwas *einräumen (Konzessivkonnektoren)*.

2 Welche Aussagen im Text sind richtig *(R)*, welche falsch *(F)*? Wenn sie Ihrer Meinung nach falsch sind, korrigieren Sie sie *(Korrektur)*.

a) Die Sozialwissenschaften haben die Beziehung zwischen Geschwistern umfassend erforscht. ☐R ☐F
   Korrektur: ....

b) Nachdem sie das Elternhaus verlassen haben, ist die Geschwisterbeziehung meistens beendet. ☐R ☐F
   Korrektur: ....

c) Das gemeinsame Erbgut führt nicht dazu, dass die Geschwister den gleichen Charakter haben. ☐R ☐F
   Korrektur: ....

d) In der Regel bevorzugen Eltern bestimmte Kinder. ☐R ☐F
   Korrektur: ....

e) Häufiger Streit zwischen Geschwistern führt zur Störung ihrer Persönlichkeiten. ☐R ☐F
   Korrektur: ....

f) Obwohl sie das Gleiche erleben, nehmen Geschwister Ereignisse ihrer Kindheit unterschiedlich wahr. ☐R ☐F
   Korrektur: ....

g) Das Kindergeld in Deutschland hat dazu geführt, dass mehr Kinder mit Geschwistern geboren werden. ☐R ☐F
   Korrektur: ....

Konzessivsätze

GR 6

3 Ergänzen Sie in Kurzform die Tabelle wie im Beispiel. Achten Sie darauf, dass die Kurzform verständlich ist.

Sachverhalt	Konnektor	unerwartete Folge / Einräumung
1. Geschwister für Entwicklung wichtig	obwohl	wenig Beachtung für Geschwisterforschung
2.		umfassende Erforschung erst am Anfang
3. Geschwister gehen eigene Wege		
4.		starke Unterscheidung im Charakter
5. Eltern behaupten, Kinder nicht zu bevorzugen		
6.	gleichwohl	
7. Aufwachsen in der gleichen Umgebung	trotz	
8.	trotz	
9.		in Deutschland Familien mit Geschwisterkindern immer seltener

4 Decken Sie den Text ab. Schreiben Sie nur mit Hilfe der Stichwörter in der Tabelle vollständige Sätze.

5 Ergänzen Sie die Lücken.

Nominalstil: Konzessivsätze	
_____ gemeinsamen _____	obwohl sie _____ aufwachsen
trotz _____ Streits	_____ sie _____ ständig _____
_____ finanzieller _____	auch wenn Familien gefördert werden
konzessive Präposition + Nomen + Genitivattribut / Präpositionalattribut	**konzessive Subjunktion + Verb**

▶ GR S. 117

6 Ergänzen Sie die fehlenden Nominalphrasen bzw. Nebensätze.

nominal	verbal
trotz gegenteiliger _____	obwohl sie das _____ behaupten
trotz tiefgreifenden _____ Familienverhältnisse	obwohl sich die Familienverhältnisse _____ gewandelt haben
_____ ständiger _____ von seinem Bruder	obgleich er _____ ständig von seinem Bruder abgrenzte

ÜB

Geschwister

Das Max-Planck-Institut für demografische Forschung (MPIDR) in Rostock hat 2012 eine Studie zur historischen Entwicklung von Familien veröffentlicht. Erfasst und grafisch aufbereitet wurde der Anteil nichtehelicher Geburten in Europa in den Jahren 1960 bis 2007.

1 Sammeln Sie im Kurs

- Aspekte zur Beschreibung der Grafiken;
- Extremwerte, Auffälligkeiten, größte Veränderungen usw.;
- Vermutungen / Erklärungen, warum in einigen Ländern 1975 die Zahl der nichtehelichen Geburten sehr gering, in anderen schon relativ hoch war;
- Vermutungen, welche gesellschaftlichen Veränderungen für die Entwicklung von 1975 bis 2007 insgesamt und für einige ausgewählte Länder zu erklären ist;
- Informationen von Kursteilnehmern aus nichteuropäischen Ländern: Vergleich zur dargestellten europäischen Entwicklung.

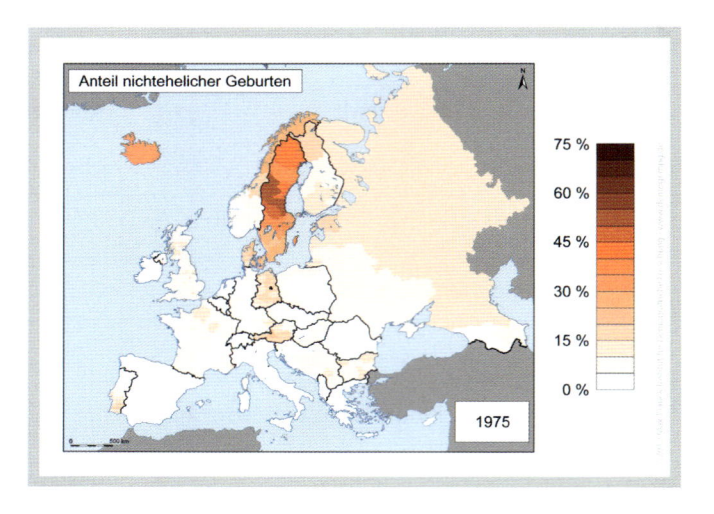

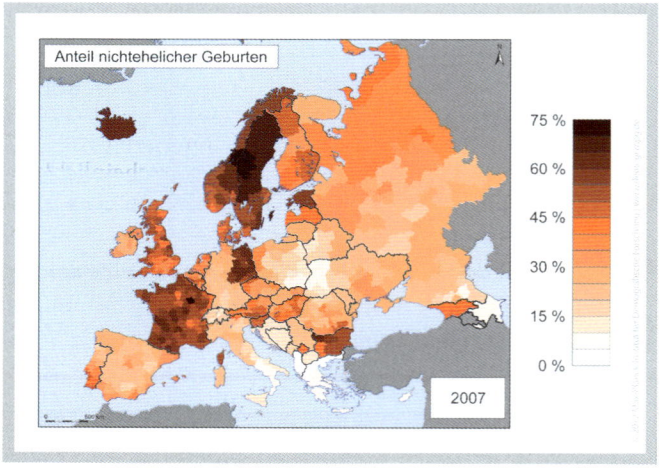

2 Schreiben Sie einen Text zu den Grafiken.

Wenn Sie aus einem Land kommen, das in der Grafik berücksichtigt ist:

- Gibt es in Ihrem Land (moralische) Vorbehalte gegen nichteheliche Kinder?

- Wie ist die Entwicklung in Ihrem Land zu erklären?

- Was ist Ihre persönliche Meinung zu dem Thema?

Wenn Sie aus einem Land kommen, das in der Grafik nicht berücksichtigt ist:

- Gibt es in Ihrem Land (moralische) Vorbehalte gegen nichteheliche Kinder?

- Kann in Ihrem Land eine ähnliche Entwicklung beobachtet werden?
  Wenn ja: Welche Gründe gibt es dafür?
  Wenn nein: Könnte es zu einer ähnlichen Entwicklung wie in Europa kommen?

- Was ist Ihre persönliche Meinung zu dem Thema?

3 Kurzvortrag *(Bitte lesen Sie nicht den Text Ihres Partners! Decken Sie ihn ab.)*

→ **Lesen Sie Ihrem Partner / Ihrer Partnerin die Einleitung des Textes** *(violett)* **vor.** In der Einleitung wird eine Hypothese / Behauptung aufgestellt. Fragen Sie Ihren Partner, was er / sie dazu meint.

→ **Stellen Sie das Untersuchungsergebnis / die Studien Ihrem Partner / Ihrer Partnerin vor. Machen Sie sich dazu Stichwörter. Lesen Sie nicht ab! Sprechen Sie frei.**

→ Schließen Sie das Buch. **Hören Sie den Text, den Ihr Partner Ihnen vorliest und sagen Sie Ihre Meinung dazu.**

Text Partner A

Einzelkinder (1)

Forscher aus den USA haben untersucht, ob und wie sich die Zahl der Brüder oder Schwestern auf die Partnerschaft auswirkt – und dabei im Speziellen auf eventuelle Scheidungen. Für ihre Studie werteten sie die Daten einer US-weiten Erhebung aus, bei der 57.000 erwachsene Frauen und Männer zu verschiedensten psychologischen, sozialen und persönlichen Fragen interviewt wurden. Ihre Forschungshypothese war: Wer als Einzelkind aufgewachsen ist, lässt sich häufiger scheiden als jemand, der Geschwister hat.

Die Auswertung brachte eine Überraschung: Denn entgegen den Erwartungen war der Unterschied in den Scheidungsraten zwischen Einzelkindern und denen mit nur einem Bruder oder einer Schwester eher gering. Anders dagegen beim Vergleich von Einzelkindern und denen mit mehreren Geschwistern: Je größer die Familie, desto geringer war später die Wahrscheinlichkeit, dass derjenige sich scheiden ließ. »Jedes zusätzliche Geschwisterkind senkte das Scheidungsrisiko dabei um rund zwei Prozent«, berichtet Downey. Bei mehr als sieben sei allerdings Schluss, dann steige der positive Effekt nicht mehr an.

Zwar hat die Studie die Gründe für diesen Zusammenhang nicht direkt untersucht. Downey und seine Kollegen finden ihn aber dennoch recht gut erklärbar: »Wenn man mit Geschwistern aufwächst, lernt man früh, den Standpunkt anderer zu berücksichtigen und auch, über Probleme zu reden«, so Downey. Je mehr Geschwister man habe, desto mehr Gelegenheiten habe man, diese Fähigkeiten zu üben. Aber das heißt nun nicht, dass sich alle Eltern von Einzelkindern oder von nur zwei Kindern Sorgen machen müssen, ihrem Nachwuchs die Zukunft zu verbauen, wie die Forscher betonen. Es gebe so viele Faktoren, die das Gelingen oder Scheitern von Beziehungen und Ehen beeinflussen – und die Zahl der Geschwister sei nur ein kleiner davon.

Text Partner B

Einzelkinder (2)

Egoistisch, verwöhnt und besserwisserisch seien sie, sagt man. Sie könnten nicht teilen und keine Rücksicht nehmen, sie haben Kontaktschwierigkeiten und leben oft isoliert. Einzelkinder, also Kinder, die ohne Geschwister aufwachsen, gelten im Allgemeinen als schwierig.

»Früher, also vor drei bis vier Generationen, hatten Einzelkinder tatsächlich häufig Nachteile«, erklärt der Familienforscher Prof. Dr. Dr. Hartmut Kasten. Damals gab es kaum Kindergärten und Krippen, Einzelkinder wuchsen oft ohne regelmäßigen Kontakt zu Gleichaltrigen auf, was aber sehr wichtig für die weitere Entwicklung ist. Heute haben sich die Verhältnisse geändert: Auch Einzelkinder haben ausreichend Kontakt zu Gleichaltrigen.

Zahlreiche Studien belegen: Im Grunde unterscheiden sich Einzelkinder kaum von Kindern mit Geschwistern. In den Punkten, in denen sich die beiden Gruppen ein wenig unterscheiden, schneiden Einzelkinder größtenteils positiv ab. »Sie sind öfter bereit, Verantwortung zu übernehmen«, sagt Kasten. »Das liegt daran, dass sie sich nie hinter anderen verstecken konnten«. Haben sie beispielsweise eine schlechte Note in der Schule, fühlen sie sich auch eher dafür verantwortlich – Kinder mit Geschwistern schieben die Schuld häufiger auf die schwere Aufgabenstellung oder den Lehrer.

»Studien haben gezeigt, dass Einzelkinder dadurch in Gruppen etwas beliebter sind und öfter zu deren Sprecher ernannt werden«, sagt Kasten. Weil ihnen nicht von klein auf rund um die Uhr ein anderes Kind zur Verfügung stand, pflegen sie ihre Freundschaften und Beziehungen außerdem oft sorgsamer. Kinder mit Geschwistern sind dagegen manchmal ein bisschen härter im Umgang mit Gleichaltrigen, weil sie sich in der Familie oft durchsetzen mussten. »Aber all das nivelliert sich später.« Wie der Charakter des Kindes ausfällt, hänge viel stärker vom Erziehungsstil, Bildungsniveau und finanziellen Status der Eltern sowie vom persönlichen Umfeld ab als von der Anzahl der Geschwister.

7 Gesund?

Wer's glaubt, ...

Text 1

29 Kapseln

Derek Adams braucht Geld. Der 26-Jährige beschließt, an einer gut bezahlten medizinischen Studie teilzunehmen. Die Wirksamkeit eines neuen Medikaments gegen Depressionen soll getestet werden. Wie in solchen Studien üblich, werden zwei Testgruppen gebildet. Der Gruppe 1 wird das Medikament, der Gruppe 2 ein Placebopräparat ohne Wirkstoff gegeben. Die Tabletten haben den gleichen Geschmack und sehen gleich aus. Die Versuchsleiter klären die Probanden über mögliche Nebenwirkungen des Medikaments auf. Weder die Teilnehmer noch die Versuchsleiter wissen, wer die wirklichen Medikamente und wer die Placebos bekommt.

Während Derek Adams an dem Versuch teilnimmt, verlässt ihn seine Freundin. Die Trennung stürzt ihn in tiefe Verzweiflung. Er beschließt, sich das Leben zu nehmen. Nichts ist einfacher als das, denkt er, denn er hat ja die Antidepressiva aus dem Versuch. 29 Kapseln liegen in einer Schublade – genug, um seinem Leben ein Ende zu bereiten. In dem Beipackzettel wird deutlich darauf hingewiesen, dass eine überhöhte Dosis zu Kreislaufproblemen führen könne und lebensgefährlich sei. Er schluckt alle 29 Kapseln. Tatsächlich geht es ihm kurz nach Einnahme der Tabletten schlecht. Er beginnt zu zittern. Er atmet heftig. Sein Kreislauf bricht zusammen. Panisch und seinen törichten Entschluss schon bereuend, verständigt er mit letzter Kraft den Notarzt.

Er wird in die Notfallambulanz eingeliefert und mit kreislaufstabilisierenden Mitteln behandelt. Aber nichts hilft. Derek Adams schwebt in Lebensgefahr. Aber warum? Als die Ärzte ihn fragen, woher er die vielen Tabletten habe, erzählt er ihnen von der Studie, an der er teilnimmt. Daraufhin erkundigen sich die Ärzte bei den Versuchsleitern nach Adam und erfahren zu ihrer Überraschung, dass der Todkranke zur Placebogruppe gehört, also gar keine Antidepressiva, sondern Zuckerpillen erhalten habe. Derek hat sich nicht vergiftet, er hat versucht, sich zu vergiften. Als Adams davon erfährt, verbessert sich sein Zustand, und kurze Zeit später verlässt er gesund das Krankenhaus.

⇨ **Bearbeiten Sie die vier Texte in Gruppen.**
⇨ **Erzählen Sie den anderen Gruppen über Ihren Fall.**

Text 2

Tack – Tack – Tack

Jonathan B., wegen Mordes zum Tode verurteilt, steht kurz vor seiner Hinrichtung. Da bekommt er Besuch von einem Arzt. Der Arzt hat ein Experiment vorbereitet. Wortlos verbindet er dem Todeskandidaten die Augen, fesselt ihn an Armen und Beinen an sein Bett und ritzt mit einem Skalpell die Haut an Handflächen und Fußsohlen ein. Das ist weder schmerzhaft noch blutet es stark. Danach sticht der Arzt kleine Löcher in einen Wasserbeutel, den er an den Bettpfosten angebracht hat. Mit dem Schnitt in die Haut beginnt das Wasser in einen Blecheimer zu tropfen: Tack – Tack – Tack ...

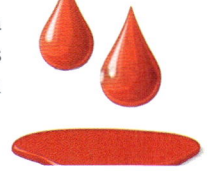

Der Arzt stimmt einen monotonen Gesang dazu an, der immer leiser wird. Irgendwann tropft das Wasser nur noch langsam in den Eimer. Der Arzt fragt den Mann, was er fühle, aber er antwortet nicht mehr. Der Arzt vermutet, der Mann sei eingeschlafen oder ohnmächtig geworden. Doch er irrt, der Mann ist tot – gestorben an dem Glauben, dass er verbluten würde. Dabei hat er durch die kleinen Schnitte in die Haut nur ein paar Tropfen Blut verloren.

Dieses ebenso grausame wie aufschlussreiche Experiment fand in den 1930er Jahren in Indien statt.

Text 3

Die Eidechse

1 Alabama (USA) 1938. Es ist Nacht, und Vance Vanders nimmt die übliche Abkürzung zu seinem
2 Haus über den Friedhof. Wie aus dem Nichts taucht plötzlich ein Mann vor ihm auf und
3 schwenkt vor seinem Gesicht eine Flasche mit einer übel riechenden Flüssigkeit und
4 murmelt unverständliche Sätze: der örtliche Voodoopriester! »Nichts, absolut nichts,
5 kann dich retten,« ruft er schließlich. »Schon bald wirst du sterben.« Tief erschrocken
6 über die unheimliche Begegnung eilt Vanders nach Hause. Bald merkt er, dass der Fluch zu
7 wirken beginnt: Innerhalb weniger Tage verschlechtert sich Vance Vanders Gesundheitszustand
8 dramatisch. Er wird in ein Krankenhaus eingeliefert, aber der Arzt, Dr. Doherty, findet keine
9 Erklärung für die Symptome und seinen Zustand – bis Vanders Ehefrau die Geschichte von dem
10 Voodoopriester erzählt.

11 Dr. Doherty tritt an das Bett seines Patienten. Er habe den Medizinmann mit Gewalt dazu gebracht, seine
12 Magie zu verraten, sagt er zu dem todkranken Vance. »Und weißt du, was der mit dir gemacht hat? Er hat dir
13 eine Eidechse in den Magen gezaubert, und diese frisst dich jetzt von innen heraus auf. Wir versuchen jetzt,
14 das Tier aus dir wieder herauszuholen.« Er lässt sich von einer Schwester eine auffällig große Spritze bringen,
15 deren Inhalt er in den Arm seines Patienten injiziert. Kurz darauf fängt dieser an, sich heftig zu übergeben.
16 Unbemerkt gelingt es Dr. Doherty, eine Eidechse im Eimer mit dem Erbrochenen zu platzieren. Theatralisch
17 auf die Echse deutend, ruft er: »Hier sieh nur, Vance. Diese Echse hat dich von innen aufgefressen. Du bist
18 geheilt.« Und tatsächlich fällt Vance Vanders in einen erholsamen Schlaf. Schon zwei Tage später kann er das
19 Krankenhaus verlassen.

...wird sterben.

Text 4

Terminale Situation

1 Sue hat seit ihrer Kindheit Probleme mit dem Herzen. Eine Entzündung führte dazu, dass
2 sich eine Herzklappe verengte. Sie muss regelmäßig zur Untersuchung, vor allem, weil sie
3 in der letzten Zeit dicke Halsvenen hat. Verglichen mit anderen Krankheiten, ist ihr Leiden
4 aber weder schmerzhaft noch bedrohlich. Für die Untersuchung muss sie in die Klinik, wo sie
5 ausführlich untersucht wird. Dieses Mal verläuft der routinemäßige Besuch der Ärzte an ihrem
6 Krankenbett sehr hektisch. Der Chefarzt, ein älterer, weißhaariger Mann, hat schlechte Laune.
7 Er tritt an das Krankenbett, schaut ihr kurz in die Augen, blickt dann zur Seite, legt ihre Akte schnell wieder
8 weg und stellt Sue den Assistenzärzten vor, die im Kreis um das Krankenbett stehen. »Das ist ein typischer
9 Fall von T. S.« T. S. steht in der Medizinersprache für Trikuspidalklappen-Stenose – Herzklappenverengung.
10 Sue hat aufmerksam zugehört. Dann geht Dr. G. mit den anderen Ärzten ins nächste Zimmer und murmelt:
11 »Ich komme gleich wieder.« Aber er kommt nicht wieder.

12 T.S.! Sue bekommt Herzrasen, ihr ist schwindlig. Ein Assistenzarzt kommt herein und bemerkt ihre auffällige
13 Blässe. Er kümmert sich um sie, aber ihre Kreislaufschwäche verschlimmert sich. Andere Ärzte kommen
14 hinzu und versuchen herauszufinden, was die Ursache für die plötzliche Verschlechterung ihres Zustandes
15 ist. »TS«, flüstert Sue, »das ist das Ende«. Ein Arzt fragt, ob sie denn wisse, was T.S. bedeute. »Ja«, sagt sie,
16 »terminale Situation.« Der Arzt klärt sie über die wahre Bedeutung des Begriffs auf, aber es hilft nichts. Sie
17 bekommt Atemnot, in ihrer Lunge sammelt sich Flüssigkeit. Als der Chefarzt kommt, ist sie schon gestorben.
18 Er hatte das Todesurteil ausgesprochen. Terminale Situation. Endzustand. Keine Hoffnung mehr.

Gesund?

1 Lösen Sie die Aufgaben, nachdem Sie die Vorträge gehört haben. Schauen Sie bitte nicht in die Texte.

29 Kapseln (Derek Adams)

1. Wie heißt das Wort? Als Hilfen sind die Silben angegeben.

   a) Derek nimmt an einer Medikamentenstudie teil. Gegen welche Krankheit soll das Medikament helfen? _____

   b) Was schlucken Teilnehmer der Gruppe 2 bei der Studie? _____

   c) Wer weiß, welche Gruppe welche Pille nimmt? _____

   > bos – si – mand – de – ce – on – si – pla – nie – pres

2. Warum will Derek sich umbringen? _____

3. Welche Tabletten bringen Derek in Lebensgefahr? _____

4. Wie wird Derek gerettet? _____

Tack– Tack – Tack (Jonathan B.)

1. Was macht der Arzt mit Jonathan B.

Augen _____

Arme und Beine _____

Handflächen und Fußsohlen _____

2. Welche Aussage entspricht dem Text (R), welche nicht (F). Korrigieren Sie die Aussage, wenn sie falsch ist.

a) Jonathan beobachtet, was der Arzt mit ihm macht. ☐ R ☐ F
Korrektur: _____
b) Jonathan hört, wie der Arzt monoton singt. ☐ R ☐ F
Korrektur: _____
c) Jonathan glaubt, dass Wasser in einen Eimer tropft. ☐ R ☐ F
Korrektur: _____
d) Jonathan ist nicht verblutet. ☐ R ☐ F
Korrektur: _____

Die Eidechse (Vance)

Ergänzen Sie die Lücken in dem Text, der die Geschichte von Vance Vanders zusammenfasst.

Vance trifft auf einen _____, der ihm prophezeit, dass er bald _____ werde. Vance merkt bald, dass der _____ wirkt. Er leidet an einer unerklärlichen _____ und wird ins _____ eingeliefert. Dr. Doherty hört von der Begegnung mit dem Voodoopriester und greift zu einem _____: Er behauptet, dass der Priester eine _____ in seinen _____ gezaubert habe. Dies habe der Voodoopriester zugegeben. Das Tier würde ihn von innen _____. Dr. Doherty gibt Vance eine Spritze, und der todkranke Vance muss sich heftig _____. Dr. Doherty zeigt ihm eine _____, die angeblich aus seinem Magen gekommen ist. Vance wird wieder _____.

Terminale Situation (Sue)

1. Sues Krankheit ist ☐ gefährlich; ☐ ungefährlich; ☐ schmerzhaft.

2. T.S. heißt   a) medizinisch _____
                b) für Sue _____

3. Warum ist Sue gestorben? _____

ÜB ▶

1 Hören Sie den Text »*Schmerzhafte Schokolade*« und notieren Sie Stichwörter zu den angegebenen Themen.

Schmerzhafte Schokolade

Testort	
Testpersonen	
Test	
Testergebnis	

2 Welche Gemeinsamkeiten gibt es zwischen dem Hörtext und den vier Texten, die Sie im Kurs vorgestellt haben?

Gesund?

1 Bearbeiten Sie den Text in Vierergruppen.

Der Letzte im Alphabet übernimmt zuerst die Rolle des Chefs / der Chefin. Nach jedem Absatz werden im Uhrzeigersinn die Rollen gewechselt.

Vorgehen

Der Chef

- ⇨ fordert alle auf, den Text einmal still durchzulesen. Er sagt, wie lange das maximal dauern darf.
- ⇨ fordert den Vorleser auf, den ersten Abschnitt vorzulesen.
- ⇨ fragt, ob es unbekannte Wörter gibt. Er entscheidet, ob die Wörter erraten werden sollen oder ob das Wörterbuch gefragt wird.
- ⇨ stellt Fragen zum Textabschnitt, die die anderen beantworten.
- ⇨ fordert den Gliederungsexperten auf, den wichtigsten Satz, ein Schlüsselwort und eine Überschrift zu nennen.

Anschließend werden für den nächsten Textabschnitt die Rollen getauscht. Wenn auf diese Weise der Text bearbeitet worden ist, können Sie im Übungsbuch die Kontrollaufgaben lösen.

Der Nocebo-Effekt

1 Die Beispiele, die sie referiert und gehört haben, zeigen extreme Formen des sogenannten Nocebo-Effekts.
2 Der Begriff Nocebo (lateinisch: »ich werde schaden«) wurde als Ergänzung zu Placebo (lateinisch: »ich
3 werde gefallen«) eingeführt, um die negativen von den positiven Wirkungen einer Behandlung mit Schein-
4 medikamenten zu unterscheiden. Ein Placebo ist ein Scheinmedikament; es enthält keine pharmakologischen
5 Wirkstoffe, sondern zum Beispiel Zucker. Trotzdem wirkt es wie ein Medikament, weil der Patient an die
6 Wirkung glaubt und Heilung erwartet. Nocebo hingegen beschreibt den gegenteiligen Effekt. Während der
7 Placeboeffekt Schmerzen lindert und Krankheiten heilt, verschlimmert der Nocebo-Effekt Beschwerden und
8 verursacht Nebenwirkungen. In beiden Fällen handelt es sich nicht um bloße Einbildung, der Effekt beeinflusst
9 ganz real und messbar physiologische Prozesse. Erwartungen schlagen sich in körperlichen Reaktionen nieder.
10 Offenbar gibt es eine sehr enge Verbindung zwischen der Erwartungshaltung eines Menschen und seinen
11 körperlichen Reaktionen darauf.

12 Zahlreiche klinische Versuche dokumentieren den Nocebo-Effekt.
13 34 Studenten wurde erzählt, dass elektrische Ströme Kopfschmerzen erzeugen können. Anschließend wurden
14 Elektroden an ihrem Kopf angebracht und angeblich Kopfschmerz erzeugender Strom durch ihr Gehirn geleitet.
15 Zwei Drittel der Studenten klagten anschließend tatsächlich über Kopfweh, obwohl in Wirklichkeit gar kein
16 Strom geflossen war.
17 Asthmapatienten inhalierten eine Kochsalzlösung. Ihnen wurde erzählt, es handele sich dabei um Substanzen,
18 die einen schädlichen Effekt auf die Bronchien ausübten. Tatsächlich entwickelte jeder zweite Patient Luftnot. In
19 einer zweiten Versuchsreihe erhielten sie eine Substanz, von der man ihnen sagte, dass sie die Bronchien erweitere
20 und ihre Beschwerden beende. Bei den meisten verschwand die Atemnot sofort. Bei der hilfreichen Inhalation
21 handelte es sich jedoch um die gleiche Kochsalzlösung, die vorher so massive Beschwerden verursachte.
22 Überraschenderweise kann der Nocebo-Effekt sogar dann funktionieren, wenn der Betroffene weiß, dass er
23 getäuscht wird. Allergiker bekommen oft schon dann einen Asthmaanfall, wenn sie nur das Bild von Blüten
24 sehen. Ihnen nützt es nichts, wenn der Verstand ihnen sagt, dass die Blüten nur Abbildungen sind. Die Erwartung
25 kann krank machen, selbst wenn man nicht daran glaubt.

26 Vor allem Medikamentennebenwirkungen treten umso häufiger ein, je mehr sie erwartet werden. In einem
27 klinischen Versuch wurden den Patienten zwei verschiedene Antidepressiva als Placebo verabreicht. Den
28 Patienten war bekannt, dass das erste Medikament mehr Nebenwirkungen hat als das zweite. Tatsächlich traten
29 die Nebenwirkungen, vor allem die angekündigte Mundtrockenheit, beim ersten Medikament dreimal häufiger
30 auf als beim zweiten. Aber weder das erste noch das zweite Medikament waren Antidepressiva. Alle Versuchs-
31 personen erhielten wirkungslose Zuckerpillen. In einem anderen Versuch ließen Forscher eine Gruppe von

32 Studenten ein ungefährliches Gas einatmen. Die Probanden glaubten aber, ein Umweltgift zu inhalieren. Die
33 Hälfte von ihnen wurde dann Zeuge, wie eine schauspielernde junge Frau plötzlich bestimmte Nebenwirkungen
34 zeigte. Ein Teil der Gruppe litt anschließend selbst unter genau diesen Symptomen. Der Nocebo-Effekt scheint
35 ansteckend zu sein.

36 Viele Menschen nehmen ihre Medikamente aus Angst vor möglichen Nebenwirkungen nicht ein. Die
37 Pharmafirmen sind aufgrund immer strengerer Sicherheitsbestimmungen verpflichtet, jede Nebenwirkung, die
38 jemals irgendwo aufgetreten ist, in Beipackzetteln aufzulisten, und sei sie noch so selten. Die Informationen
39 dienen weniger der Aufklärung des Patienten als der juristischen Absicherung des Herstellers. Denn der haftet
40 für Nebenwirkungen, die nicht in den Produktinformationen aufgeführt werden. Vor mehr als zwanzig Jahren
41 wurde in den USA eine Studie zu Aspirin durchgeführt. An drei Herzzentren wollte man die Schutzwirkung des
42 Aspirins vor einem Herzinfarkt erforschen. Ein Ergebnis dieser Studie war sehr verblüffend: In einem Zentrum
43 hatten die Teilnehmer der Studie dreimal so viel Magenbeschwerden nach Aspirin als in den anderen beiden
44 Krankenhäusern. Das Rätsel war schnell aufgeklärt: In dem Krankenhaus, in dem Aspirin so ungewöhnlich
45 schlecht vertragen wurde, waren die Probanden zuvor über mögliche Nebenwirkungen am Magen informiert
46 worden, in den beiden anderen hatte man dies unterlassen.

47 Viele halten den Nocebo-Effekt für eine Einbildung von Hypochondern. Das ist er aber nicht. Forscher
48 haben entdeckt, dass Erwartungen und Befürchtungen im Gehirn Prozesse auslösen, die Vorgänge im Körper
49 beeinflussen. So können Angst und Stress das Immunsystem beeinflussen und den Menschen für Krankheiten
50 anfällig machen. Offensichtlich spielt bei psychisch bedingten Schmerzen der Botenstoff Cholecystokinin (CCK)
51 eine Rolle. Er löst im Gehirn eine Schmerzreaktion aus und hat auch bei Phobien eine entscheidende Funktion.
52 Dieser durch Angst ausgelöste Botenstoff ist vermutlich dafür verantwortlich, dass bei einer Medikamenten-
53 einnahme dann gehäuft Nebenwirkungen auftreten, wenn der Patient diese erwartet. Die Wissenschaft steht
54 aber bei der Ergründung des Nocebo-Effekts noch ganz am Anfang.

Der Chef/die Chefin

Sie leiten die Gruppenarbeit. Das bedeutet:
- Sie sagen, was gemacht wird.
- Sie fragen, ob es unbekannte Wörter gibt, und entscheiden, ob geraten wird oder das Wörterbuch gefragt wird.
- Sie stellen W-Fragen zum Text: Wer? Warum? Wie viele? usw.
- Sie fordern den Gliederungsexperten auf, den wichtigsten Satz im Abschnitt und anschließend die Schlüsselwörter zu benennen.
- Sie fragen die anderen Gruppenmitglieder, ob sie mit den Antworten einverstanden sind oder andere Vorschläge haben.

Das Wörterbuch

Sie sind der Einzige, der ein Wörterbuch hat. Ein einsprachiges, Deutsch – Deutsch! Der Chef / die Chefin fordert Sie auf, Wörter nachzuschlagen. Sie erklären den anderen das Wort – auf Deutsch natürlich.

Der Vorleser

Sie fangen mit der Arbeit an. Sie lesen den Textabschnitt vor und achten natürlich ein bisschen auf die Satzmelodie, auf Punkte und auf Kommas.

Der Gliederungsexperte

Sie nennen den wichtigsten Satz und ein bis drei Schlüsselwörter des Abschnitts. Sie schlagen außerdem eine Überschrift vor.

Komplexe Attribute

Was Ärzte nicht sagen sollten

1 Wichtig für die ärztliche Praxis sind Untersuchungen, die Nocebo-Effekte auf die Kommunikation zwischen Arzt
2 und Patient zurückführen. Der auf Heilung und Linderung von Schmerzen hoffende Patient achtet sehr genau
3 auf die Worte des Arztes.

4 Der Arzt sollte alle Verunsicherung bei dem Patienten auslösenden Bemerkungen über die Wirksamkeit eines
5 Medikaments vermeiden. Sätze wie »Vielleicht hilft Ihnen ja dieses Medikament.« oder »Wir können auch mal
6 Medikament xy ausprobieren.« schaffen kein Vertrauen in die heilende Kraft des Medikaments.

7 Ebenso problematisch sind negative Suggestionen, die ein negatives Ereignis ankündigen und dadurch erst
8 bewirken oder die negative Wirkung verstärken. Ein Arzt, der eine Spritze in das Rückenmark mit dem Satz
9 vorbereitet: »Achtung, das tut jetzt höllisch weh!« tut dem Patienten ebenso wenig einen Gefallen wie mit der
10 Mahnung: »Vermeiden Sie jede Anstrengung. Sie könnten einen Herzinfarkt erleiden.«

11 Der Besuch beim Arzt und der Gang ins Krankenhaus sind für Menschen stark verunsichernde Situationen, in
12 denen sie anders als normal wahrnehmen und reagieren. Insbesondere bei bevorstehenden Operationen oder
13 vor anderen Eingriffen bekommen Worte für Patienten eine spezielle Bedeutung. So sollten Ärzte vermeiden,
14 die Aufmerksamkeit auf negative Ereignisse zu lenken. Die Frage: »Ist Ihnen übel?« könnte dazu führen, dass
15 dem Patienten tatsächlich übel wird. Verneinungen und Verkleinerungen sind in diesen Extremsituationen
16 unwirksam. Von dem sicher gut gemeinten Satz »Sie brauchen keine Angst zu haben!« gelangt nur das Wort
17 »Angst«, nicht aber die Verneinung ins Bewusstsein. Die Ankündigung »Das blutet jetzt ein bisschen«, bewirkt
18 Angst vor dem Blut und den damit verbundenen Schmerzen. Die Relativierung »ein bisschen« wird ignoriert.

1 Lesen Sie den Text. Entscheiden Sie, ob der Arzt in den folgenden Sätzen die richtigen (R) oder die falschen (F) Worte wählt.

a) *In der Sprechstunde zu einem Herzpatienten:* »Die nächste Zigarette könnte ihre letzte sein!« .... R F

b) *In der Zahnarztpraxis:* »Ich gebe Ihnen jetzt eine Spritze. Das tut so gut wie gar nicht weh.« .... R F

c) *Bei der Verschreibung eines Medikaments gegen Ohrenschmerzen:* »Mit diesem Medikament haben Patienten sehr gute Erfahrungen gemacht.« .... R F

d) *Nach einer Operation:* »Versuchen Sie, ruhig zu atmen, wenn Sie Schmerzen haben.« .... R F

e) *Bei einer Besprechung mit dem Patienten:* »Der Tumor ist kaum zu sehen.« .... R F

f) *In der Sprechstunde:* »Ich bin sicher, dass Ihre Schmerzen schon in sehr kurzer Zeit nachlassen.« .... R F

g) *In der Zahnarztpraxis:* »Ich bohre Ihnen jetzt den Unterkiefer auf.« .... R F

2 Markieren Sie im Text mit unterschiedlichen Farben
 ⇨ alle **Nomen**, die ein Linksattribut oder ein Rechtsattribut (oder beides) haben;
 ⇨ alle Linksattribute;
 ⇨ alle Rechtsattribute.

3 Schreiben Sie in den Kasten »Linksattribute« ein Linksattribut aus den Sätzen der rechten Spalte.

Linksattribute		
der	Nocebo-Effekt	Er ist bislang kaum erforscht.
die	Bemerkung	Sie löst Verunsicherung aus.
die	Ärztin	Sie ist bei den Patienten beliebt.

GR 7

4 Schreiben Sie in den Kasten »Rechtsattribute« ein Rechtsattribut aus den Sätzen der rechten Spalte.

Rechtsattribute	
die schnelle Wirkung _____	Die Spritze wirkt schnell. *(Genitivattribut)*
sein _____	Er berichtet über die Forschungen. *(Präpositionalattribut)*
Er geht zu Dr. G., _____	Er vertraut ihr. *(Relativsatz)*
Das Placebo, _____, wirkte wie ein Schmerzmittel.	Das Placebo war eine Zuckerpille. *(Apposition)*

▶ GR S. 120

5 Schreiben Sie für die Nomen in der mittleren Spalte passende Linksattribute (linke Spalte) und Rechtsattribute (rechte Spalte) auf. *Schreiben Sie auf ein Blatt Papier / in Ihr Heft.*

in einer klinischen Studie testen	Ärztin	ein Medikament gegen Depressionen
sich täglich verschlimmern	Wirksamkeit	an einem Häftling
grausam und heute verboten	Informationen	Nocebo-Forschung
sie leitet den Versuch	Studie	Ein Medikament ist neu.
wächst bei Medizinern	Experiment	eine Universitätsklinik
machen krank	Interesse (!)	am linken Oberschenkel
sie ist gut bezahlt	Schmerzen	Beipackzettel

die den Versuch leitende Ärztin einer Universitätsklinik

6 Partizipialsätze. Partizipialsätze sind subjektlose Sätze mit einem Partizip I oder Partizip II am Satzende.
Ergänzen Sie die fehlenden Sätze oder Satzteile.

Partizipialsätze	
a) Verglichen mit anderen Krankheiten, ist ihr Leiden aber nicht bedrohlich.	*Hauptsatz:* Ihr Leiden ist aber nicht bedrohlich. *Nebensatz:* **Wenn** ihr _____ mit anderen Krankheiten verglichen _____
b) Seinen Wunsch bereuend, verständigt er den Notarzt.	*Hauptsatz:* _____ *Nebensatz:* _____ bereut
c) _____	*Hauptsatz:* Er ruft: *Nebensatz:* Während er theatralisch auf die Echse deutet,
d) Jonathan B., wegen Mordes zum Tode _____, steht kurz vor seiner Hinrichtung.	*Hauptsatz:* Er steht kurz vor seiner Hinrichtung. *Nebensatz:* _____
e) Monoton singend, setzt sich der Arzt neben ihn.	*Hauptsatz:* _____ *Nebensatz:* _____

▶ GR S. 122

Gesund?

A Zur Vorbereitung auf den folgenden Hörtext lesen Sie bitte den Text »Mikroben«. Vervollständigen Sie in Stichworten die Tabelle mit den wesentlichen Informationen des Textes.

Mikroben

1 Ohne Mikroorganismen könnte der Mensch nicht
2 existieren: Bakterien wehren auf unserer Haut andere,
3 schädliche Mikroorganismen ab, im Darm sind sie
4 unentbehrlich für die Verdauung, und in unserem
5 Mund tummeln sich zum Beispiel Amöben und
6 Hefen. Die häufigsten Mikroorganismen im Haushalt
7 sind Bakterien und Pilze, die meist nur rund einen
8 tausendstel Millimeter messen.
9   Einige von ihnen können durchaus gefährlich
10 werden. Escherichia coli (E. coli) zum Beispiel sind
11 nützliche Darmbakterien, die außerhalb des Darms
12 Schaden anrichten können. Die Bakterien gelangen
13 durch verschmutztes Trinkwasser oder verunreinigte
14 Lebensmittel in andere Körperbereiche und können
15 dort Hirnhautentzündungen und schweren Durchfall
16 hervorrufen.
17   Das Bakterium Staphylococcus aureus kommt
18 auch auf der Haut und in den menschlichen Atemwegen
19 vor. Es wird aber auch von außen durch Lebensmittel
20 übertragen. Darüber hinaus sind Krankenhäuser für
21 die Infektion mit dem Erreger verantwortlich. Wenn
22 es auf einen immungeschwächten Organismus trifft,
23 kann es zu Hautentzündungen, in seltenen Fällen
24 auch zu Blutvergiftungen und Lungenentzündungen
25 kommen.
26   Salmonellen (eine Art von Stäbchenbakterien)
27 kommen hauptsächlich über Lebensmittel wie
28 Eier, Fleisch und Milchprodukte mit Menschen in
29 Kontakt. Sie können Übelkeit, Erbrechen und Fieber
30 verursachen.
31   Hefen sind einzellige Pilze. Sie sind im Brot und in
32 alkoholischen Getränken vertreten. Am bekanntesten
33 ist Candida albicans, der sich am Darmausgang,
34 an den Schleimhäuten, auf der Haut und im
35 Genitalbereich ansiedeln kann. Normalerweise
36 ist er harmlos, kann aber zu Darmerkrankungen,
37 unangenehmen Hauterkrankungen und Lungen-
38 entzündungen führen.
39   Schimmelpilze sind im Gegensatz zu Hefen
40 mehrzellig. Die Sporen von Aspergillusarten (Gieß-
41 kannenschimmel) befinden sich auf Baumwolle, in
42 Matratzen, aber auch in Früchten und im Tierkot.
43 Sie können allergische Reaktionen auslösen und bei
44 immungeschwächten Menschen die Lunge infizieren.

Mikroorganismus	Gefahr	Übertragungsweg
E. coli		Trinkwasser, Lebensmittel
Staphylococcus aureus		
		Lebensmittel
Candida albicans		
Schimmelpilz: Aspergillusarten		

B Schauen Sie sich die Zeichnung auf der nächsten Seite an. Wo befinden sich die meisten Bakterien? Was vermuten Sie? Erstellen Sie eine Hitliste der fünf dreckigsten Orte im Haushalt.

Platz	Bezeichnung	Ziffer

Hörtext: Bei Hempel in der Wohnung

Reportage, 869 Wörter 😊 😊

Herr Hempel persönlich führt Sie durch seine Wohnung und zeigt Ihnen, wo überall Bakterien und Pilze hausen.

HV 7

Bei Hempels

Wenn jemand sagt, dass es in einem Zimmer aussehe »**wie bei Hempels unterm Sofa**«, dann ist damit gemeint, dass in dem Zimmer Unordnung und Chaos herrscht. Aber wer sind diese »Hempels«? So genau weiß das keiner, denn die Herkunft der Redewendung ist nicht eindeutig geklärt.

Teilen Sie den Kurs. Gruppe 1 übernimmt die Informationen über alle Gegenstände mit geraden Ziffern (2, 4, …), Gruppe 2 die mit ungeraden Ziffern (1, 3, …).

1 Hören Sie die Reportage und machen Sie sich zu »Ihren« Gegenständen Notizen.

2 Gruppe 1 fragt Gruppe 2: »*Mustafa, was ist denn bei 1 los?*«
- Der Angesprochene antwortet, andere aus der Gruppe ergänzen.
- Anschließend fragt Mustafa aus Gruppe 2 jemanden aus Gruppe 1.

1	Küchenschwamm
2	
3	
4	
5	
6	
7	
8	
9	
10	
11	

Mehrteilige Textkonnektoren

Der Mensch und seine Bakterien

1 Bakterien sind überall und doch für den Menschen unsichtbar.
2 Sie besiedeln seine Haut, die Lunge, den Darm und sämtliche
3 Körperöffnungen. Einerseits sind sie lebenswichtig für den
4 Menschen, andererseits verursachen sie lebensbedrohende
5 Krankheiten. Bakterien wirken nicht nur im Darm, sondern
6 auch in den Knochen, in der Lunge und im Herz. Die kleinen
7 Helfer produzieren sowohl Milchsäure als auch Enzyme,
8 Hormone und Antibiotika. Gerät das Gleichgewicht in
9 der menschlichen Bakteriengemeinschaft durcheinander,
10 kann der Mensch krank werden. Aber die Forscher wissen
11 weder, warum das Ökosystem im Darm mancher Menschen
12 durcheinander gerät, noch welche der 1000 unterschiedlichen
13 Bakterienarten im Darm eine Rolle bei bestimmten
14 Krankheiten spielen. Die Forscher beobachten aber eine
15 Tendenz: Je mehr Arten in diesem Ökosystem leben, desto seltener gerät es aus dem Gleichgewicht.

16 Wissenschaftler vermuten, dass sich die Bakteriengemeinschaft im menschlichen Darm seit dem 20. Jahr-
17 hundert stark verändert hat. Sie machen dafür sowohl die häufige Einnahme von Antibiotika als auch einseitige
18 Ernährung und zu viel Hygiene verantwortlich. Entweder der Mensch reduziere und kontrolliere die Einnahme
19 von Antibiotika oder aber so genannte Zivilisationskrankheiten wie Diabetes oder Asthma werden zunehmen,
20 behaupten manche Wissenschaftler. Für die Entwicklung des Immunsystems scheint es wichtig zu sein, dass der
21 Körper Kontakt zu möglichst vielen Bakterien bekommt.

WiwiS	Mehrteilige Textkonnektoren
① + ②	sowohl ① als auch ②
① + ②!	
– ① – ②	
① oder ②	
① aber ②	
① → ②↑	

1 Lesen Sie den Text und tragen Sie die Informationen in Stichwörtern in das Raster ein.

Bakterien	wo?	
	Wirkungen	
	produzieren	
Krankheitsursache		
Wissenschaftler	wissen nicht	
	beobachten	
	vermuten	
	behaupten	

2 Es gibt einige Textkonnektoren, die aus zwei Teilen bestehen.
⇨ Markieren Sie in dem Text diese **mehrteiligen Textkonnektoren**.
⇨ Schreiben Sie in den Kasten »WiwiS« die passenden mehrteiligen Konnektoren hinter die Symbole *(siehe Beispiel sowohl ... als auch)*.

GR 7

3 Schreiben Sie mit Hilfe der Stichwörter und der Verben einen Text. Verwenden Sie die angegebenen Strukturen, wenn die Stichwörter mit Symbolen gekennzeichnet sind (siehe Beispiel für »6 Schwamm«). Bei 9 und 11 müssen Sie selber geeignete Verben finden.

Beispiel

Stichwörter	Verben	Text
Schwamm 6 feucht; Essensreste optimale Bedingungen , besonders schnell an feuchten Orten → explosionsartig bis zu 7 Mrd. Population: 2 x / 7 Tage ! häufig neuen	sein sich entwickeln sich vermehren sich befinden sich verdoppeln ersetzen durch	Er *ist* meistens feucht und enthält Essensreste. Das *sind* optimale Bedingungen für Bakterien, die *sich* besonders schnell an feuchten Orten *entwickeln*. *Aus diesem Grund vermehren sich* Bakterien hier explosionsartig: Bis zu 7 Milliarden *befinden sich* in einem Schwamm. Die Population *verdoppelt sich* innerhalb von 7 Tagen. Häufig den Schwamm *durch* einen neuen *ersetzen*!

Computertastatur 1 stärker als Klobrille am Computer → Essensreste zwischen Tasten , Mikroben besonders schnell →I Tastatur von mehreren Menschen (Büro, Internetcafé) für Gesundheit gefährlich ! Tastatur regelmäßig	verseuchen (Passiv) essen, trinken (Passiv) sich sammeln wachsen benutzen (Passiv) sein	
Mobiltelefon 2 Oberfläche Türgriffe öffentlicher Toiletten ① + ② ! Bakterien Viren ! mit reinem Alkohol	können vergleichen mit (Passiv) nachweisen (Passiv)	
Bioabfalleimer 4 2 x Mikroben normaler Abfalleimer insbesondere Pilze hier →I daneben Teppich – schlimmer ! gut verschließen, häufig leeren	sich befinden sich tummeln liegen (sich befinden) werden	
Kühlschrank 5 Kälte nicht effektiv Mikroben →I Kühlschrank über 7 Grad Mikroben, Listerien, Salmonellen , besonders in Fleisch- und Milchprodukten 11 Millionen /cm² ! 1 x / Woche gründlich	schützen vor einstellen sich vermehren messen (Passiv) reinigen	
Waschbecken 9 immer feucht → Bakterien 1 cm²: 10 000 Bakterien ! auch Abfluss	**Schmutzige Wäsche** 11 heute: kälter, weniger Wasser, milde Waschmittel ① aber ② f. Umwelt gut, → viele Bakterien in Wäsche →I mit milden Waschmitteln: Jeans und Unterhosen getrennt	

> **Diese Strukturen sollen Sie bei folgenden Symbolen verwenden:**
> ,   Relativsatz
> !   Imperativ
> →   Folgesatz
> →I   Konditionalsatz
> ① ②   mehrteilige Konnektoren

8 Verd. Sch.!

Schild in Richmond (USA)

„Po statt A." – Russland will das Fluchen per Gesetz verbieten

Die russische Staatsduma will Schimpfwörter im öffentlichen Gebrauch verbieten.

Das geplante Gesetz stellt unflätige Ausdrücke in Fernseh- und Rundfunk

A Wie könnte man ein Fluchverbot begründen / ablehnen? Schreiben Sie mindestens drei Gründe auf.

Ein Fluchverbot ist (nicht) sinnvoll,

1. weil _____

2. da _____

3. denn _____

B Präsentieren Sie im Kurs einen typischen Fluch in Ihrer Sprache. Wenn Sie möchten, übersetzen Sie ihn ins Deutsche.

Fluchen für den Teamgeist

Kraftausdrücke fördern den Zusammenhalt im Büro, sagen zwei britische Wissenschaftler. Sie fordern ein Umdenken im Management - Schimpfen solle endlich akzeptiert werden.

Und was bedeutet das für unseren Kurs??

C In Deutschland wird viel im Autoverkehr geflucht und beleidigt. Das ist strafbar und kann teuer werden. Ein Automobilclub hat eine Liste veröffentlicht, wie viel Euro Strafgeld Gerichte für welche Beleidigungen verhängt haben. Die niedrigste Strafe war 250, die höchste 4000 Euro.
Wie würden Sie die Strafgelder verteilen? *(Die tatsächlichen Strafen finden Sie auf S. 85)*

80

Fluchen

Fluch / Beleidigung	€
a) »Trottel in Uniform!«	
b) »Du Wichser!«	
c) »Zu dumm zum Schreiben.«	
d) »Du blödes Schwein!«	
e) »Dir hat wohl die Sonne das Gehirn verbrannt.«	
f) »Fieses Miststück!«	
g) »Bullenschwein!«	

Fluch / Beleidigung	€
h) »Raubritter!«	
i) Mittelfinger zeigen	
j) »Du Schlampe!«	
k) »Leck mich doch!«	
l) »Am liebsten würde ich jetzt Arschloch zu dir sagen.«	
m) »Alte Sau!«	
n) »Dumme Kuh!«	

Fluchen, schimpfen, beleidigen, verwünschen

Wenn man der Bibel glaubt, hat Gott den ersten Fluch ausgestoßen: Als er Adam, Eva und die Schlange nach dem Sündenfall aus dem Paradies verjagte. In Märchen sind Flüche oft Verwünschungen, durch die sich die Betroffenen nachhaltig verändern oder verwandeln, z.B. in ein Tier. Im ursprünglichen Sinn war ein Fluch eine ernsthafte soziale Sanktion, seine schlimmste Form war der Vaterfluch gegen den eigenen Sohn.

Im heutigen Sprachgebrauch drückt ein Fluch Ärger, Überraschung oder heftige Ablehnung aus, als Verwünschung wünscht er einer anderen Person Unheil. Ein Schimpfwort ist häufig diskriminierend. Im deutschen Sprachraum beispielsweise finden sich diskriminierende Schimpfwörter als rassistische, chauvinistische, sexistische und homophobe Herabwürdigungen sowie als Schimpfwörter, die Menschen wegen ihres Glaubens oder wegen einer Behinderung diskriminieren. Eine diskriminierende Bezeichnung gegen ethnische Gruppen wird auch Ethnophaulismus genannt. Eine Blasphemie verhöhnt religiöse Glaubensinhalte.

Fluch kommt von Verfluchung: Man ruft einen bösen Geist oder Gott an, der einem Anderen etwas Böses bringen soll. Ein Fluch ist also das Gegenteil eines Segens. Man muss zwischen Flüchen und Beschimpfungen unterscheiden. Wer flucht, will, dass eine fremde Macht negativ auf einen Anderen einwirkt *(Geh zum Teufel!)*. Einfache Beschimpfungen wie *Trottel* sind dagegen nicht so nachhaltig. Wer flucht, will die Tabugrenzen seiner Sprache brechen: Man möchte dem Anderen zeigen, dass man diese Grenze ihm gegenüber nicht einhält.

1 Ergänzen Sie stichwortartig mit den Informationen des Textes.

a) Fluch im Märchen _____
b) Fluch ursprünglich _____
c) Fluch heute _____

d) Arten diskriminierender Schimpfwörter _____

e) Unterschied Fluch – Schimpfwort _____

f) Absicht des Fluchens _____

2 Definieren Sie, ohne das Wörterbuch zu verwenden, »*Segen*« (Z. 14).

Verd. Sch.!

Fuelhcn – vbeireetn snlions

Ereltn tun es, Lhreer acuh und Plkoeitir esrt rhcet: Sie kemäfpn für enie Wlet onhe Scepöfthmwrir und fheucln doch sbelst. Obefnfar ist Fceuhln ein wghicties Bdinfeürs.

Timothy Boomer paddelte mit seinem Kanu auf dem Rifle River in Michigan und kenterte. Triefend und laut fluchend (»Fuck! Fuck! Fuck!...«) stand er im hüfthohen Wasser. Das war ein Fehler. In Rufweite saß ein Paar mit seinen zwei Kindern in einem Boot, am Ufer standen drei Polizisten. Die Uniformträger werteten die Tirade als jugendgefährdend, und Timothy musste sich vor Gericht verantworten. Er hatte gegen ein Gesetz verstoßen, das Fluchen verbietet, wenn Kinder anwesend sind. Im Sommer 2004 hat der US-Senat mit 99 zu 1 Stimmen eine moderne Variante des alten Gesetzes verabschiedet, das für jeden verbalen Ausfall im Fernsehen oder Radio eine Buße bis zu 275 000 Dollar vorsieht.

Fluchverbote werden nicht nur in den USA, sondern weltweit erlassen. In der polnischen Stadt Elblag stellte der Bürgermeister den öffentlichen Gebrauch von Kraftausdrücken unter Strafe. Im niederländischen Ort Helmond galt fast 20 Jahre lang ein öffentliches Fluchverbot. Das russische Parlament verbot sich 2003 selbst das Fluchen. 2013 ging es noch einen Schritt weiter: Für Flüche und Schimpfwörter in Fernsehen, Zeitungen, Radio und Internet sollen in Russland künftig Geldstrafen bis zu umgerechnet 5 000 Euro fällig werden. Das Informationssystem sei unmoralisch geworden.

Streiter für eine Rückkehr zu alten, angeblich fluchfreien Zeiten gibt es überall, doch Psychologen, Linguisten und Gehirnforscher können darüber nur lächeln. Fluchen sei ein menschlicher Urtrieb, der in der neuronalen Struktur des Hirns verankert ist.

Jede Sprache auf Erden, jeder Dialekt, der jemals studiert wurde, hat ein gut gefülltes Arsenal an Flüchen. Flüche waren und sind universell. So berichtet Guy Deutscher, Linguist an der Universität im niederländischen Leiden, von Schmähungen, die nach Generationen mündlicher Überlieferung bereits vor über 5000 Jahren niedergeschrieben wurden. Im alten Ägypten meißelten die Menschen Verwünschungen in Hieroglyphen. Der römische Dichter Catull schrieb Verse, die jeden Lehrer erröten lassen und deswegen im Lateinunterricht nie behandelt werden. William Shakespeare, Martin Luther und Mark Twain waren Freunde deftiger Sprache. »Schlag ihn tot, den Hund!«, drohte Johann Wolfgang von Goethe einem Kritiker, und Wolfgang Amadeus Mozart unterzeichnete Briefe gerne mit »Herzlichst Ihr Süssmaier Scheißdreck«.

Verbale Tabus werden quer durch alle sozialen Schichten gebrochen. Der Metzger flucht nicht mehr als der Chirurg, die Lehrerin nicht weniger als der Schüler. Im arbeitsfreien Alltag seien es fünf Prozent der verwendeten Wörter.
Dabei spielt auch das Geschlecht nur eine untergeordnete Rolle. Angeblich schimpfen Männer mehr als Frauen. Doch der Linguist Thomas Murray von der Kansas State Universität belauschte 4000 Schülerinnen und Schüler einer US-amerikanischen Highschool und konnte keinen nennenswerten Unterschied entdecken.

Fluchverbote in den USA

A

der Fluch, die Flüche	fluchen	jugendgefährdend
die Tirade	schimpfen	deftig
der Kraftausdruck	pöbeln	verpönt
das Schimpfwort	schmähen	universell
die Zensur	verwünschen	untergeordnet
das Arsenal	durchgehen	nennenswert
die Demenz	sich aneignen	verblüffend
	um sich werfen	

Fluchen

LV 8

Kein Wunder, eignen wir uns doch die Grundlagen unseres Kraftwortschatzes schon an, kaum dass wir erste Worte artikulieren können. Kleine Kinder merken sich die verpönten Begriffe lange, bevor sie ihren eigentlichen Sinn begreifen. Die Eltern sind also mitverantwortlich, wenn Kinder sehr schnell das Fluchen beherrschen.

Dazu kommt, dass diese Begriffe im Gehirn anders verarbeitet werden als das gewöhnliche Vokabular. Dabei spielt das limbische System eine große Rolle. Dieser Teil des Gehirns ist wichtig für die Emotionen. Im Gegensatz dazu ist der präfrontale Cortex zuständig für das rationale Denken. Bei starken Gefühlen verlieren wir offenbar dann nicht nur einen Teil der Kontrolle über unser Verhalten, sondern auch über unsere Sprache und Ausdrucksweise. Und gerade jene Worte, die uns streng verboten wurden, dringen nun über unsere Lippen.

Neurologen nehmen an, dass Schimpftiraden dann aus Menschen hervorbrechen, wenn die höheren Regionen des Hirns im präfrontalen Cortex die Emotionen im limbischen System nicht mehr zurückhalten können. Untersuchungen an Patienten, die an dem sogenannten »Tourette-Syndrom«, einer neurologischen Verhaltens- und Emotionsstörung, leiden, legen diesen Schluss nahe. Sie sprechen das frei heraus, was »Gesunde« nur denken.

Unser Bedürfnis zu fluchen ist so tief in unserem Hirn verankert, dass dies die sprachliche Fähigkeit ist, die am längsten erhalten bleibt. Wissenschaftler untersuchten auch Alzheimerpatienten, deren Gedächtnis nicht mehr funktioniert, und machten eine verblüffende Entdeckung: Menschen, die an dieser Krankheit leiden, können auch dann noch mit Schimpfwörtern um sich werfen, wenn sie schon lange die Namen ihrer Verwandten vergessen haben und ihr Vokabular massiv eingeschränkt ist.

Auch im Erwachsenenalter merken wir uns tabuisiertes Vokabular wesentlich besser als neutrale Alltagsbegriffe. So bekamen die Probanden des Psychologen Donald MacKay von der University of California in Los Angeles tabuisierte und neutrale Wörter vorgesetzt. An ein »Shit« konnten sich Testpersonen durchweg besser erinnern als etwa an »Chair«.

1 Entschlüsseln Sie die Überschrift und den »Anleser« (Z. 1–2). Lesen Sie die Zeilen vor.

2 Die Zitate rechts im Kasten sind dem Text entnommen.
- ➪ Wohin passen sie? Markieren Sie im Text (siehe Beispiel Zitat A).
- ➪ Woran kann man erkennen, dass die Zitate genau dahin gehören?

3 Lesen Sie den Text noch einmal abschnittsweise. Formulieren Sie eine Überschrift für den Absatz. Schreiben Sie sie an den Rand (siehe Beispiel «Fluchverbote in den USA»). Den (kompletten) Originaltext finden Sie im Übungsbuch.

A »Dieses verdammte Gesetz ist über 100 Jahre«, sagte er, als er vor dem Richter stand.

B »Diese Menschen stoßen oft gegen ihren Willen Beschimpfungen aus. Bei ihnen sind genau die neuronalen Regionen geschädigt, die den Drang kontrollieren, Kraftausdrücke herauszuschleudern«, heißt es in ihrer Studie.

C »Egal ob Mädchen oder Junge: Geflucht, geschimpft und gepöbelt wird ständig von beiden Geschlechtern«, fasste der Forscher seine Studie zusammen.

D »Es hat niemals so etwas wie ein Sprachparadies gegeben, aus dem wir Menschen nach einem verbalen Sündenfall vertrieben wurden. Sprachwächter, die das Fluchen ausrotten wollen, jagen einer Utopie nach, und das ist gut so, denn Schimpfen befreit«, sagt Timothy Jay, Fluchexperte am Massachusetts College of Liberal Arts.

E »Diese erstaunlichen Unterschiede im Erinnerungsvermögen sind offenbar das Ergebnis eines lebenslangen Lernprozesses«, meinten die Forscher.

F »Dieser Lernprozess der Kleinkinder wird durch die Reaktion ihrer Eltern beschleunigt. Sie merken, dass ihnen bestimmte Wörter Aufmerksamkeit verschaffen und verwenden sie folglich besonders gern und häufig«, hat Timothy Jay beobachtet.

G »Davor müssen wir die Gesellschaft schützen«, ließen die Initiatoren des Gesetzes im Kreml verlauten.

H »Fünf Prozent des Wortschatzes, aus dem wir uns alltäglich während der Arbeit bedienen, sind Schimpfwörter«, sagt Jay.

Verd. Sch.!

A Lesen Sie die Aufgaben zum Text und markieren Sie die Schlüsselwörter. Achten Sie beim Hören auf die Signalwörter.
Signalwörter sind:
- Schlüsselwörter von Aufgaben;
- Hervorhebungen (*»insbesondere«, »vor allen Dingen«, »wichtigstes Ergebnis«* usw.);
- Gliederungssignale (*»erstens ..., zweitens ...«*).

> **Hörtext: Wie ein Bierkutscher**
> Vortrag, 776 Wörter ☺ ☺
> Im Vortrag werden einige Erkenntnisse der Fluchforschung präsentiert: Wer flucht wie, wo und warum?

B Was ist ein »Gotteslästerer«?

1 Im Text sind alle Schimpfwörter durch ein »Beep« ersetzt. Versuchen Sie, während des Hörens einen passenden Fluch in Ihrer Sprache zu finden (mündlich).

2 Wie heißen die drei Stufen der beschriebenen Kausalkette? Schreiben Sie die Begriffe in die »Treppe«.

3. Stufe
2. Stufe
1. Stufe

3 Nennen Sie mindestens drei negative Gefühle und drei körperliche Reaktionen, die in der 2. Stufe erwähnt werden.

negative Gefühle _____

körperliche Reaktionen _____

4 Erläutern Sie das Bild vom Dampfkessel, das im Text verwendet wird. Schreiben Sie einen kurzen Text.

Sicherheitsventil
Dampfkessel

5 Ergänzen Sie die Stichwörter zum »Eiswasser-Experiment«.

Forschungshypothese: Fluchen _____

Versuchspersonen mussten _____

1. Gruppe _____

2. Gruppe _____

Ergebnis _____

Vermutung der Forscher _____

N	V	A	
der Affekt	ablassen	prüde	
die Skala	abreagieren	puritanisch	
die Fratze	lästern	anal	
die Ausscheidung	nivellieren		_der Bierkutscher_

84

Fluchen

HV 8

6 Welches Ziel hat derjenige, der flucht?

---

7 Welche drei universalen Themen tauchen beim Fluchen auf? Notieren Sie Informationen zu diesen Themen in Stichwörtern.

Themen	Informationen

8 Welche sozialen Unterschiede gibt es beim Fluchen? Ergänzen Sie den Satz.

Der einzige Unterschied besteht darin, dass

Nach dem Hören

ÜB

9 Halten Sie die Aussagen, die im Vortrag über die universellen Themen gemacht werden *(Tabelle Aufgabe 7)*, für richtig?

S. 81: Strafen für Beleidigungen im Straßenverkehr (in €)

a) 1500	d) 500	g) 1000	j) 1900	m) 2500
b) 1000	e) 600	h) 1500	k) 300	n) 600
c) 450	f) 2500	i) 4000	l) 1600	

85

Komplexe Textbezüge

Komplexe Textbezüge. Kreuzen Sie bei ❶ und ❷ an, worauf sich »*Das*« und »*Dabei*« bezieht. Stellen Sie bei ❸–❺ die *Frage* und formulieren Sie die *Antwort* wie in den Beispielen ❶ und ❷.

❶ Timothy Boomer paddelte mit seinem Kanu auf dem Rifle River in Michigan und kenterte. Triefend und laut fluchend (»Fuck! Fuck! Fuck!«...) stand er im hüfthohen Wasser. **Das** war ein Fehler.

Frage: **Was** war ein Fehler?
Antwort: *Ein Fehler war, dass Timothy*

☐ mit seinem Kanu auf dem Rifle River paddelte; ☐ kenterte; ☐ triefte; ☐ laut fluchte;
☐ im hüfthohen Wasser stand. ☐ Kann man nicht wissen, wird erst durch folgende Sätze klar.

❷ Verbale Tabus werden quer durch alle sozialen Schichten gebrochen. Der Metzger flucht nicht mehr als der Chirurg, die Lehrerin nicht weniger als der Schüler. Im arbeitsfreien Alltag seien es fünf Prozent der verwendeten Wörter. **Dabei** spielt auch das Geschlecht nur eine untergeordnete Rolle.

Frage: **Wobei** spielt das Geschlecht eine untergeordnete Rolle?
Antwort: *Das Geschlecht spielt eine untergeordnete Rolle*

☐ **bei** verbalen Tabus; ☐ **bei** allen sozialen Schichten; ☐ **beim** arbeitsfreien Alltag;
☐ **beim** Brechen verbaler Tabus. ☐ Kann man nicht wissen, wird erst durch folgende Sätze klar.

❸ Streiter für eine Rückkehr zu alten angeblich fluchfreien Zeiten gibt es überall, doch Psychologen, Linguisten und Gehirnforscher können **darüber** nur lächeln. Fluchen sei ein menschlicher Urtrieb, der in der neuronalen Struktur des Hirns verankert ist.

Frage: _____

Antwort: Psychologen, Linguisten und Gehirnforscher können _____

_____ nur lächeln.

❹ Dazu kommt, dass diese Begriffe im Gehirn offenbar über einen anderen Pfad verarbeitet werden als das gewöhnliche Vokabular. **Dabei** spielt das limbische System eine große Rolle. Dieser Teil des Gehirns ist wichtig für die Emotionen.

Frage: _____ *eine große Rolle?*

Antwort: _____

❺ Menschen, die an diesen Krankheiten leiden, können auch dann noch mit Schimpfwörtern um sich werfen, wenn sie schon lange die Namen ihrer Verwandten vergessen haben und ihr Vokabular massiv eingeschränkt ist. **Diese erstaunlichen Unterschiede** im Erinnerungsvermögen sind offenbar das Ergebnis eines lebenslangen Lernprozesses.

Frage: _____

Antwort: *Dass sie* _____

Wo steht »nicht«?

GR 8

Die Stellung von *nicht* im Satz. Schreiben Sie die Sätze auf und berücksichtigen Sie dabei die angegebene Tendenz.

Der ganze Satz wird verneint (»Satznegation«).

1. nicht steht möglichst weit hinten.

nicht / und / ich / aus Prinzip / mangels Deutschkenntnissen / fluche

behauptet / fluche /aus Prinzip / er / er /mangels Deutschkenntnissen / dass / nicht / und

2. *nicht* steht vor dem Infinitiv, dem Partizip II und dem Präfix bei trennbaren Verben.

nicht / sein / ich / kann / Fluchen / ertragen / ständiges

herausgefunden, / wird / warum / haben / die Forscher / geflucht / nicht / in ihren Untersuchungen *(Hauptsatz– Nebensatz)*
Die Forscher _____

nicht / dir / zuhören / ich.

3. *nicht* steht vor Nomengruppen, die zum Verb gehören.

spielen / nicht / zwar / sie / Gitarre / Klavier / kann /aber

nicht / übernehme / ich / die Verantwortung / dafür

4. *nicht* steht vor präpositionalen Ergänzungen.

nicht / an / mich / seine / ich / erinnere / Telefonnummer

5. *nicht* steht vor Ortsangaben.

steht / in der Bibliothek / leider /das Buch über deutsche Schimpfwörter / nicht

6. *nicht* steht vor adverbial verwendeten Adjektiven.

sie / nicht / aber / lange / laut / fluchte

Ein Teil des Satzes wird verneint (»Satzteil-Negation«).

7. *nicht* steht vor dem Satzteil, der verneint wird.

beleidigen / dich / er / nicht / wollte *(sondern jemand anderen)*

beleidigen / dich / er / nicht / wollte *(sondern dir nur ehrlich seine Meinung sagen)*

9 Fleisch?

A Sprechen Sie über die Bilder. Verwenden Sie adversative Konnektoren. (☞ GR Anhang S. 122)

B Verbalisieren Sie die Grafik. Eine Angabe ist falsch. Welche? Warum?

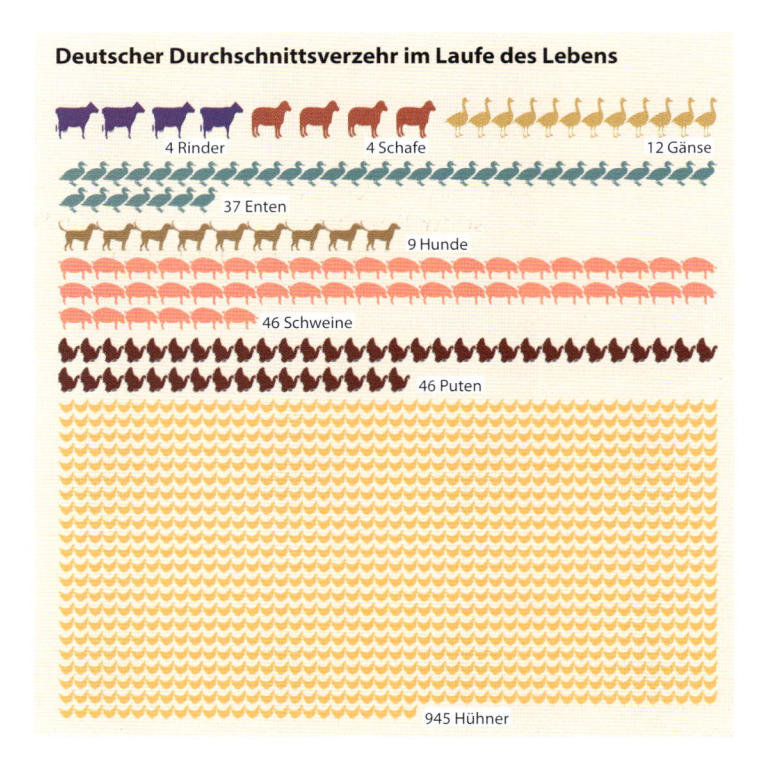

Deutscher Durchschnittsverzehr im Laufe des Lebens

4 Rinder
4 Schafe
12 Gänse
37 Enten
9 Hunde
46 Schweine
46 Puten
945 Hühner

88

LV 9

1 Bearbeiten Sie den Text in Dreiergruppen.

Der Letzte im Alphabet übernimmt zuerst die Rolle des Chefs / der Chefin. Nach jedem Absatz werden im Uhrzeigersinn die Rollen gewechselt.

Vorgehen

Der Chef

- ⇨ fordert alle auf, den Text einmal still durchzulesen. Er sagt, wie lange das maximal dauern darf.
- ⇨ fordert den Vorleser auf, den ersten Abschnitt vorzulesen.
- ⇨ fragt, ob es unbekannte Wörter gibt. Er entscheidet, ob die Wörter erraten werden sollen oder ob das Wörterbuch gefragt wird.
- ⇨ stellt Fragen zum Textabschnitt, die die anderen beantworten.

Anschließend werden für den nächsten Textabschnitt die Rollen getauscht. Wenn auf diese Weise der Text bearbeitet worden ist, können Sie im Übungsbuch die Kontrollaufgaben lösen.

Die Fleischesser

Nicht nur in Deutschland, in ganz Europa wird Fleisch nicht mehr wie früher an Sonn- und Feiertagen, sondern täglich gegessen. In Mittel- und Osteuropa ist der Fleischverzehr am höchsten, die Süd- und Nordeuropäer ernähren sich etwas fleischärmer. Die Essgewohnheiten unterscheiden sich von Land zu Land – im Süden wird mehr Lammfleisch verzehrt, in Mittel- und Nordeuropa mehr Schwein. Der durchschnittliche Fleischverbrauch des EU-Europäers übertrifft mit 93,1 Kilogramm sogar den Wert in Deutschland von 89 Kilogramm. 20 Prozent davon landen im Mülleimer. Auf den Schlachthöfen, beim Transport, im Handel und am Esstisch wird Fleisch achtlos weggeworfen. Der Konsument lässt Teile seiner übergroßen Fleischportionen auf dem Teller liegen, schneidet undelikate Teile ab und entsorgt zu alt gewordene Einkäufe.

In Deutschland essen 85 Prozent der Bevölkerung täglich oder nahezu täglich Fleisch und Wurst. Auch in Restaurants wird in der Regel ein Fleischgericht bestellt. Die Deutschen essen heute viermal so viel Fleisch wie Mitte des 19. Jahrhunderts und doppelt so viel wie vor hundert Jahren. Männer essen deutlich mehr als Frauen. Auch die Alterspyramide zeigt auffällige Unterschiede. Bei den Männern sind die 19- bis 24-Jährigen die größten Fleischesser, bei den Frauen führen die 25- bis 34-Jährigen die Rangliste an.

Trotz des hohen Fleischkonsums kann in Deutschland eine Verunsicherung des Verbrauchers festgestellt werden, die vor allen Dingen durch periodisch auftretende Fleischskandale verursacht wird. Fleisch galt früher als gesund und lebenswichtig, während heute für viele Menschen der Verzehr von Fleisch mit negativen Assoziationen wie »Gammelfleisch« und »Betrug« verknüpft ist. Die Fleischindustrie gehört zu den Industrien, denen Deutsche am wenigsten Vertrauen entgegenbringen. Eine langsam anwachsende Minderheit verzichtet deshalb öfter auf Fleisch und Wurst. Vegetarisch zu leben oder zumindest den Fleischanteil zu reduzieren sei »hip und trendy«, sagt der Vegetarierbund, dessen Mitgliederzahlen sich seit 2008 verdreifacht haben. 52 Prozent aller Deutschen versuchen laut einer Umfrage, ihren Fleischhunger zu zähmen. Allerdings: Besonders erfolgreich sind sie dabei noch nicht, wie die Statistiken zeigen.

Der Chef / die Chefin

Sie leiten die Gruppenarbeit. Das bedeutet:
- Sie sagen, was gemacht wird.
- Sie fragen, ob es unbekannte Wörter gibt, und entscheiden, ob geraten wird oder das Wörterbuch gefragt wird.
- Sie stellen W-Fragen zum Text: Wer? Warum? Wie viele? usw.

Der Vorleser

Sie fangen mit der Arbeit an. Sie lesen den Textabschnitt vor und achten natürlich ein bisschen auf die Satzmelodie, auf Punkte und auf Kommas.

Das Wörterbuch

Sie sind der Einzige, der ein Wörterbuch hat. Ein einsprachiges, Deutsch – Deutsch! Der Chef / die Chefin fordert Sie auf, Wörter nachzuschlagen. Sie erklären den anderen das Wort – auf Deutsch natürlich.

Fleisch?

Der ältere Herr meldete sich am Abend, sein Hund sei gestorben, sagte er, und ob denn bitte jemand kommen könne. Es gibt ein Notfalltelefon für so etwas, 24 Stunden besetzt, 365 Tage im Jahr. Es steht im Tierhimmel.

Tierhimmel. So heißt Deutschlands einziges Tierbestattungszentrum in Teltow bei Berlin – Friedhof und Krematorium an einem Ort. »Wir sind dann da hingefahren«, sagt Ralf Hendrichs, der mit seiner Frau zusammen den Tierhimmel vor zehn Jahren gegründet hat. Der Anrufer lebte in einem Hochhaus in Hohenschönhausen. Der entschlafene Hund lag auf dem Teppich, der traurige Besitzer saß auf dem Sofa. Nachdem sie die Formalitäten erledigt hatten, legten die Bestatter den Hund auf die Trage. Das nun verwitwete Herrchen fragte ruhig: »War's das?« - »Ja, wir sind so weit«, sagten die Männer, fertig zum Aufbruch.

Da trat der Hundehalter ans Fenster und öffnete es. »Er wollte springen«, sagt Ralf Hendrichs. Der Tierbestatter erzählt, er habe dann ein paar Stunden mit dem Mann geredet, bis er sicher gewesen sei, dass dieser von seinem Vorhaben Abstand genommen hatte.

Das sei zwar schon ein extremer Fall gewesen, aber wie sehr vor allem einsame Menschen leiden, wenn Hund oder Katze sterben, das erlebt der Betreiber der letzten Ruhestätte für Heimtiere seit zehn Jahren täglich. Die härtesten Jungs würden heulen, wenn die Bulldogge unter die Erde komme. Zugezogene Singles brächen am Grab zusammen, weil der einzige Bekannte in der neuen Stadt der eigene Hund war. Ein schönes Begräbnis auf dem Brandenburger Friedhof der Kuscheltiere, mit Aufbahrung im Weidenkörbchen, einer Gedenkfeier im Raum der Stille, einer Urne aus poliertem Granit oder einer Exklusivbestattung im Holzsarg ist das Letzte, was Herrchen oder Frauchen ihrem geliebten Gefährten noch Gutes tun können – nachdem sie das Tier oft ein Leben lang verwöhnt haben.

Die Emotionen, die Tiere auslösen, sind zweifellos verkaufsfördernd. Auch in der Stunde des Abschieds. »Wenn die Besitzer bei uns hereinkommen«, sagt Hendrichs, »könnten wir ihnen alles verkaufen. So weich sind sie in dem Moment.« Wo bei der Oma schon mal der billigste Kiefernsarg gut genug ist, geht der treue Freund in der Satin-Luxusausstattung auf die letzte Reise. Ab 2000 Euro lässt sich die Asche des Tieres sogar zum Diamanten pressen, der im Ring dann hautnah an den verstorbenen Liebling erinnert.

Fast vier Milliarden Euro setzte die deutsche Heimtierbranche nach Angaben des Industrieverbandes Heimtierbedarf im Jahr 2011 um, nur mit Fertignahrung sowie »Bedarfsartikeln und Zubehör«, wie das im Branchenjargon heißt. Lederleine und Katzenmilch, Zierfischfutter und Zeckenmittel: Die Umsätze steigen. Miezi* und Bello*, Nemo* und Bubi* sind den Deutschen einiges wert.

Lorenz Schmid ist seit über 20 Jahren Tiermediziner. Er praktiziert in einer Tierklinik bei München. »Meine eigene Erfahrung lehrt mich, dass die Tiere immer näher an die Familie heranrücken, dass sie stärker als Familienmitglied gesehen werden«, sagt er. 22 Tierärztinnen und -ärzte kümmern sich hier rund um die Uhr ums körperliche Wohl aller möglichen Vierbeiner, rund 50 Mitarbeiter gehören zu der Klinik.

Für Frauchens Liebling ist das Beste gerade gut genug: Für Hunde und Katzen gibt es getrennte Wartezonen mit gegenläufig geschalteter Lüftung, damit sie sich nicht riechen müssen. Das Krankenhaus ist besser ausgestattet als viele humanmedizinische Häuser. Röntgenbilder sind blitzschnell digital in jedem Sprechzimmer abrufbar, in den Behandlungszimmern stehen Hochleistungs-Ultraschallgeräte, im Keller brummt ein Computertomograf. Elli, ein Golden Retriever, liegt gerade in der Röhre. »Autounfall. Schmerzen im Halswirbelbereich«, sagt die

das Krematorium	bestatten	verwitwet
der Aufbruch (aufbrechen)	entschlafen	hautnah
die Ruhestätte	zusammenbrechen	verkaufsfördernd
das Begräbnis	aufbahren	
der Umsatz (umsetzen)	die Oberhand gewinnen	
die Physiotherapie	verwöhnen	

behandelnde Ärztin. Geht alles gut, kann Elli bald bei der Physiotherapie vorsprechen, fürs Training auf dem Unterwasserlaufband mit Gegenstromanlage.

5,4 Millionen Hunde lebten 2011 in deutschen Haushalten, 8,2 Millionen Katzen, 3,3 Millionen Ziervögel. Dazu gesellten sich 5,1 Millionen Kleintiere und ungezählte Fische in 1,9 Millionen Aquarien. Durch 400000 Terrarien schlängeln sich allerlei Exoten. 32 Prozent der deutschen Tierhalter sind über 60, fast zwei Drittel aller Tiere leben in Ein- oder Zwei- Personen-Haushalten. Da wird das Tier schnell zum Partner- oder Kind-Ersatz. »Vor allem bei einsamen Menschen«, sagt Schmid, »kann es vorkommen, dass das Tier komplett den Lebensrhythmus der Leute übernimmt und bestimmt. Das Leben wird allein nach den Bedürfnissen des Tieres ausgerichtet. Wenn der Hund um drei Uhr nachts raus will, kommt er raus.« Auch wenn man es ihm abgewöhnen könnte.

Wenn das Tier erst mal die Oberhand gewonnen hat, gibt es keine Grenzen mehr. In den teuersten Lagen der Großstädte haben sich Tierboutiquen angesiedelt, in denen auf Maß angefertigte Halsbänder mit edlen Schmucksteinen ebenso zu bestellen sind wie Matratzen aus Kaltschaum, die sich der Körperform des Tieres anpassen. Pullöverchen und Schühchen stehen in den Regalen, Hundekuchen für Allergiker und silberne Fressnäpfe.

Wenn der gestresste Bello von so viel Verwöhnung Erholung braucht, kann Herrchen oder Frauchen dem Vierbeiner einen entspannten Urlaub spendieren. Zum Beispiel im Pfötchenhotel »Republik der Tiere« im brandenburgischen Beelitz am Rande Berlins. 90 Hektar umfasst die größte Tierpension Deutschlands. In Ein- oder Zweibettzimmern mit Liegemöbeln machen in Berlin Hunde Komforturlaub, vier Stunden Auslauf täglich und Wellness-Schwimmen im großen Hallenbad inklusive. Friseur, Tierarzt, Physiotherapeutin, Hundeschule, und für den empfindlichen Magen Hühnchen mit Reis. Im Pfötchenhotel können Hund und Besitzer gemeinsam Urlaub machen, wobei der Mensch das Tier begleitet, nicht umgekehrt.

Vielleicht können Hund und Herrchen ja bald nicht nur den Urlaub, sondern auch die Ewigkeit miteinander verbringen. Ralf Hendrichs Tierhimmel soll expandieren, eine Fläche für Gräber zur gemeinsamen Bestattung von Mensch und Tier ist reserviert, und die Anträge sind schon gestellt.

1 Lesen Sie den Text und geben Sie ihm eine Überschrift.

2 Notieren Sie am Rand – kurz und prägnant – die *sechs Themen* des Artikels.

3 Markieren Sie farbig, welche Wörter zu den Themenwörtern des Abschnitts passen *(Beispiel: gelb markierte Wörter in den Zeilen 1 bis 13 für das Thema des 1. Abschnitts)*.

4 Welche Handlung / Dienstleistung halten Sie für
⇨ grotesk ⇨ liebenswert ⇨ lächerlich?

5 Schreiben Sie eine Fortsetzung des Textes über das Übergewicht bei Hunden und was man dagegen unternehmen kann. Verwenden Sie zum Beispiel die Stichwörter in dem Kasten.

Viele Menschen legen sich einen Hund zu, weil sie sich selber mehr bewegen wollen. Aber nur in der Werbung laufen Zwei- und Vierbeiner glücklich vereint durch Wiesen und Wälder. Praktisch geschieht oft das Gegenteil. Draußen ist es kalt und nass, und kaum gehört Bello* zur Familie, hockt er mit auf der Couch, sieht fern und futtert Hundesnacks. Die Folge: Herrchen wird nicht schlanker, sein Haustier verfettet. Beinahe jeder zweite Hund in Deutschland hat Übergewicht, hat der Bundesverband Tiergesundheit herausgefunden.

| fett | Diät | Diätplan | kalorienarm | fettarm | Rohkost | ballaststoffreich | mehr Bewegung |
| Sportprogramm | Fitness | abnehmen | schlank werden | Personal Dog Trainer | 8 Kilo | alles inklusive |

* Tiernamen

Fleisch?

[handwritten notes at top:]
- daneben = nicht passend, nicht in Ordnung
- ein Urteil fällen = etwas beurteilen (das Wetter ist schlecht)
- jmdn bloßstellen = jmdn öffentlich blamieren
- r Kannibale (-n) = Menschenfresser

A Lesen Sie die Mail von Timo.

⇨ Was hat Mona im Restaurant gesagt? Was vermuten Sie? Schreiben Sie ihre Bemerkungen auf.

⇨ Welche Argumente könnte Mona für ihre Meinung haben?

⇨ Was meinen Sie zu den Argumenten von Timo?

> **Hörtext: Warum essen Menschen andere Tiere?**
> Vortrag, 879 Wörter 😊😊😊
> In dem Vortrag werden die sozialen und psychologischen Mechanismen aufgezeigt, durch die Lebewesen zu Lebensmitteln werden.

> Liebe Mona,
>
> *[handwritten: Keule: Bein]*
>
> ich habe mich gestern Abend total geärgert und bin jetzt immer noch sauer auf dich. Was du im Restaurant gesagt hast, als ich die – im Übrigen sehr leckere – Lammkeule bestellt habe, war ziemlich daneben. Ich weiß, dass du Vegetarierin bist, das gibt dir aber noch lange nicht das Recht, dich moralisch über andere zu erheben, mich bloßzustellen und in aller Öffentlichkeit einen Halbkannibalen zu nennen. Der Mensch ist von Natur aus kein Vegetarier und isst seit Jahrtausenden Fleisch. Kein Wunder, denn es schmeckt, und wir brauchen die Proteine, nicht zuletzt, um unser Gehirn zu entwickeln, was uns unter anderem dazu befähigt, nicht nur moralische Urteile zu fällen.
>
> Grüße, Timo

B Was ist ein »psychologischer Verteidigungsmechanismus«?

Ein _psychischer_ _Mechanismus_, der dazu dient, sich (vor sich selbst) _zu rechtfertigen_.

1. Hören

1 Welche Absicht hat die Vortragende? Sie möchte

a) ☐ Forschungsergebnisse referieren;
b) ☐ die Zuhörer mit unterschiedlichen Meinungen eines Problems bekanntmachen;
c) ☒ die Zuhörer von einer Meinung überzeugen;
d) ☒ die Zuhörer provozieren.

2 Bewerten Sie die Argumentation der Vortragenden. Besprechen Sie Ihre Bewertung mit Ihrem Lernpartner. Nennen Sie Beispiele für Ihre Meinung.

Wenn Sie **kein Vegetarier** sind: Ich finde die Argumentation im Vortrag

☐ nicht überzeugend;   ☒ teilweise ganz gut;   ☐ überzeugend: Ab jetzt bin ich Vegetarier.

Wenn Sie **Vegetarier** sind: Die Argumente im Vortrag sind

☐ nicht überzeugend;   ☐ teilweise überzeugend;   ☐ auch meine Argumente;   ☐ teilweise neu für mich.

2. Hören   Hören Sie den Vortrag in zwei Teilen.

1. Teil

3 Frau Joy spricht zu Beginn von einem moralischen Widerspruch. Worin besteht er?

Einerseits _sind alle von ihnen ~~fühl~~ unwohl Tiere zu töten, mitgefühle_

Andererseits _essen sie ihre Körperteile regelmäßig._

HV 9

4 Frau Joy hat den Begriff »Karnismus« geprägt. Was versteht sie darunter?

Karnismus lehrt uns _nichts zu fühlen_
und es blockiert _unsere Empathie wenn wir Tiere essen._

5 Wie funktioniert der Karnismus?

Erster Mechanismus _das Leugnen. fur Prob. → müssen wir nichts lösen. dagegen machen. jedes Jahr Milliard werden Tieren weg— ihres Fleisches getötet. Wir sehen das nicht, wir wollen das auch nicht sehen_

Zweiter Mechanismus: Die drei »N« *Fleisch essen ist …*

N	= normal	mein. eine freie Entscheidung
N	= notwendig	Proteine zum Kräftigen entwick / Stärkster Mann von Deutschland Veganer. Bekannter Sportler Vega Vegetarier / Leben, schlage leben.
N	= natürlich	die Evolution einseitig beachten. Betrachten – Menschen alt und gesund. natürlich heißt nicht moralisch gerechtfertigt.

2. Teil

6 Welcher Zusammenhang besteht zwischen dem Essen von Fleisch und Umweltproblemen?

Regenwälder abgeholzt _→_ _Hauptgrund → Klimaveränderung_

7 Im zweiten Teil des Vortrags werden verschiedene Zahlen genannt. Ergänzen Sie die Informationen zu den Zahlen.

a) 3-5 Euro
b) 15 500 Liter _für 1 Kg_
c) 1,1 Milliarden Menschen _keinen Zugang zu sauberen Wasser haben._

Nach dem Hören

8 *Ausdrucksstarke Wörter.* Hören Sie einen Ausschnitt aus dem Vortrag. Notieren Sie Wörter, die einen sehr starken Ausdruck, einen »expressiven« Charakter haben. Welche Funktion haben diese Wörter in diesem Abschnitt?

das Mitgefühl die Empathie der Käfig das Protein die Diät	jdm. Leid zufügen sich decken mit leugnen fernhalten sich rechtfertigen schlachten abholzen angewiesen sein auf	unwohl angeblich vegetarisch gravierend ungläubig

Indirekte Rede

Chemotherapie & Prothesen

Das Wohl ihrer Haustiere ist den deutschen Tierhaltern einiges wert. Bernd Diener vom Verband Hundeleben e.V. schätzt, dass allein für Hunde fünf Milliarden Euro jährlich ausgegeben würden. Hinzu kämen Beträge für andere Haustiere wie Katzen, Meerschweinchen, Vögel und Fische.

Davon profitieren auch die mehr als 5400 Tierarztpraxen der Republik. Man investiert sehr viel mehr als früher, sagt Tierarzt Schmid, der in der Oberhachinger Tierklinik praktiziert. 10 000 Euro seien keine Seltenheit. Wo früher ein Tier eingeschläfert wurde, weil es nicht fressen wollte, stellen die Ärzte heute umfangreiche Untersuchungen an: Wir können auch Hirntumore bei Hunden behandeln.

Ob das immer richtig ist, ist eine andere Frage, gibt Schmid zu bedenken. Jede Klinik habe ihre eigene Philosophie, wie weit sie geht. Chemotherapie etwa setzten die Oberhachinger Ärzte nur ein, wenn das Tier sie gut vertrage. Rein kosmetische Operationen lehnten sie ab: Zahnimplantate etwa, wie sie in den USA üblich sind, um Hunden das Hollywood-Lächeln ihrer Besitzer zu verpassen, sind bei uns nicht zu bekommen. Auch Prothesen, zum Beispiel Räder, die gelähmte Hinterläufe ersetzen, fertige die Klinik nicht an, obwohl es erstaunlich sei, wie gut die Tiere damit zurechtkommen, sagt Schmid. Unser Ziel ist es, die Lebensqualität der Tiere zu erhalten.

WiwiS	**Indirekte Rede (Konjunktiv I)**
Direkte Rede	**Indirekte Rede**
»Die Ausgaben für Haustiere **sind** um ein Vielfaches **gestiegen**«, sagt Bernd Diener.	Bern Diner sagt, die Ausgaben für Haustiere **seien** um ein Vielfaches **gestiegen**.
Signale: » «, Verb im Indikativ, einleitendes Verb: Er *sagt, meint, behauptet* usw.	**Signale:** Konjunktiv I (oder II), Wechsel der Personalpronomen!

1 Anführungszeichen (» ... « oder „ ... ") kennzeichnen im Deutschen die direkte Rede. Ob jemand direkt spricht oder (indirekt) von einem Sprecher oder Schreiber wiedergegeben wird, kann man aber auch am Verb und anderen Signalen erkennen. In der Regel (nicht immer!) steht in der indirekten Rede der Konjunktiv I.

⇨ Markieren Sie im Text alle Signale für eine **indirekte** Rede.

⇨ Im Text fehlen die Anführungszeichen. Setzen Sie sie überall da ein, wo Herr Schmid **direkt** zitiert wird.

2 Schreiben Sie den Text um: Verwenden Sie überall da, wo der Journalist die direkte Rede verwendet, die indirekte und umgekehrt.

3 Thomas Ellrott, Ernährungspsychologe an der Universität Göttingen, führt in einem Interview Folgendes aus. Geben Sie den Text in der indirekten Rede wieder.

»Der Alltag des deutschen Essers ist geprägt von den Veränderungen der Arbeitswelt. Man kann einen Verlust von Struktur und Rhythmisierung, dafür aber eine starke Zunahme von Hektik und Zeitknappheit beobachten. Was nichts anderes heißt, als dass unregelmäßige und lange Arbeitszeiten inzwischen bestimmen, was, wann und wo man isst. Vor allem bei jüngeren Konsumenten stelle ich in meinen Untersuchungen den Trend zum ‹Snacking› fest – als Ersatz einer Hauptmahlzeit. Das ist aus meiner Sicht ernährungsphysiologisch problematisch. Wir haben in unserem Institut in einer Studie herausgefunden, dass etwa 20 bis 25 Prozent der 14- bis 29-Jährigen komplette Mahlzeiten durch Snacks ersetzen. Fast die Hälfte der Bevölkerung isst heute bereits täglich ein- oder mehrmals zwischen den Hauptmahlzeiten Snacks. Parallel dazu nehmen die Kenntnisse über Lebensmittel, aber auch die praktischen Kochfähigkeiten ab.«

Nominalstil

GR 9

Woher kommt das Ei?

1 Der Text beschreibt die Grafik. Erstellen Sie für eine Präsentation für die Stationen ❶ – ❺ eine Folie.

	Text	Kurzform für Folie
❶	Das **Zuchtunternehmen** produziert reinrassige Zuchthühner mit z. B. einer hohen Legeleistung oder einer guten Futterverwertung. Von deren Nachwuchs wird jeweils nur ein Geschlecht weltweit per Luftfracht an Vermehrungsbetriebe verschickt. Der Zuchtmarkt ist streng arbeitsteilig und wird beherrscht von wenigen Konzernen.	*Zuchtunternehmen* • Produktion reinrassiger Zuchthühner • weltweite Verschickung jeweils eines Geschlechts an Vermehrungsbetriebe • Markt von wenigen Konzernen beherrscht
❷	In den Ställen der **Vermehrungsbetriebe** legen Elterntiere Eier in großer Zahl. Die weiblichen Küken werden in die Aufzuchtbetriebe verschickt. Die männlichen Küken werden aussortiert und vernichtet. Weil die hoch spezialisierten Huhn-Modellreihen jeweils nur Legehennen oder nur Masthühner hervorbringen, muss bei der Herstellung von Eiern das männliche Küken einen frühen Tod sterben. 40 Millionen Küken werden im Jahr getötet. Sie werden mit Kohlendioxid betäubt und geschreddert, landen auf dem Müll oder im Hundefutter oder werden verbrannt.	*Vermehrungsbetriebe* • Elterntiere legen Eier
❸	In den **Aufzuchtbetrieben** wachsen die weiblichen Küken zu Legehennen heran. Hier bleiben sie vier, fünf Monate und werden nach entsprechender Reife an die Legebetriebe weiterverteilt. Sie kosten etwa sieben bis neun Euro pro Stück.	
❹	In den **Legebetrieben** produzieren die Legehennen täglich Tausende von Eiern. Die Eier werden in der Sammel- und Verpackungsstelle für den Händler (Z.B. Supermärkte) verpackt und anschließend ausgeliefert. Die Legehenne wird nach 12 Monaten durch eine neue ersetzt und landet im Schlachthof.	
❺	Im **Supermarkt** kann der Endverbraucher die Eier kaufen. Lebensmittelkontrolleure prüfen die Eier regelmäßig, zum Beispiel auf Dioxinbelastung.	

2 Arbeiten Sie zu zweit. Decken Sie den Text in der linken Spalte ab. Beschreiben Sie die Grafik nur mit Hilfe der Kurzformen in der rechten Spalte. Partner A beschreibt ❶, Partner B ❷, dann Partner A ❸ usw.

10 Die Welt reparieren

Geo-Engineering: Das Klima reparieren

Die Idee klingt verlockend: Wenn der Klimawandel nicht mehr aufzuhalten ist, muss die Erde so weit manipuliert werden, dass sie trotzdem ein halbwegs bewohnbarer Planet bleibt. Geo-Engineering heißt die Wunderwaffe, mit der das gelingen soll.

Ein ganzes Bündel von Vorschlägen haben Wissenschaftler in den vergangenen Jahren erarbeitet, um den verhängnisvollen Folgen der zunehmenden Freisetzung von Treibhausgasen wie CO_2 entgegenzuwirken. Manches klingt nach Science Fiction – und wird es wohl auch bleiben.

Generell unterscheiden Wissenschaftler zwei Arten von Geo-Engineering-Maßnahmen: solche, die der Atmosphäre klimaschädliches Treibhausgas entziehen, sowie solche, die der globalen Erwärmung durch Reduzierung der den Erdboden erreichenden Sonnenstrahlung entgegenwirken. Beiden Ansätzen gemeinsam ist die technologische Ausrichtung: Der Klimawandel soll durch großtechnische Lösungen beherrschbar gemacht werden, da er mittels Verhaltensänderung nicht mehr aufzuhalten zu sein scheint.

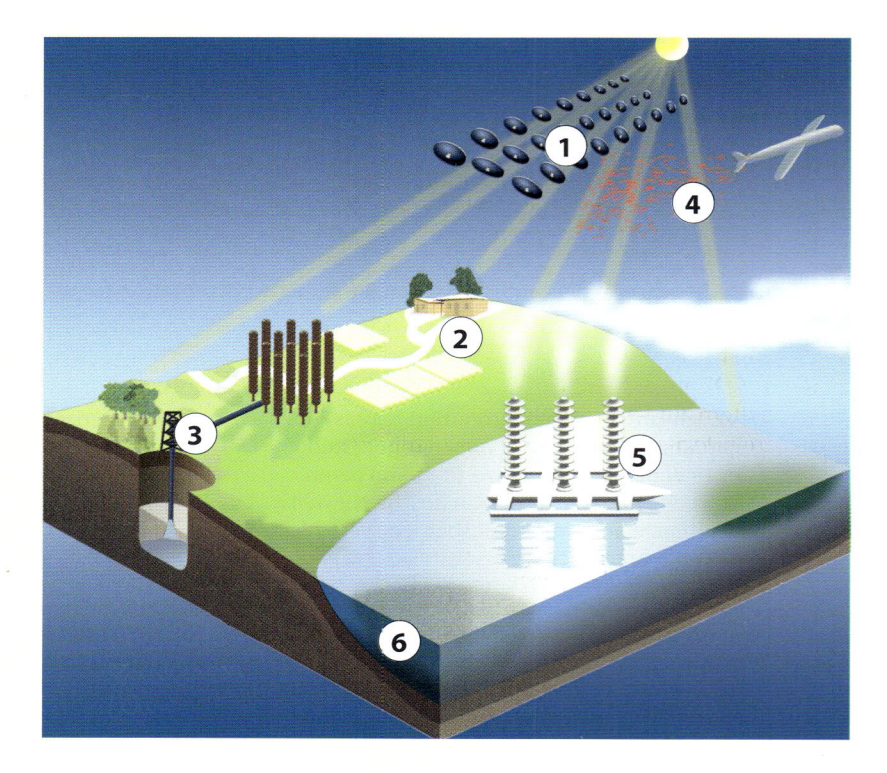

1 Beantworten Sie die beiden Fragen in vollständigen Sätzen.

a) Welches Ziel hat »Geo-Engineering«? _____

b) Welche beiden Methoden von Geo-Engineering gibt es?

Methode 1: _____

Methode 2: _____

2 Auf der nächsten Seite werden die »Geo-Engineering«-Maßnahmen ①–⑤ der Abbildung beschrieben. Stellen Sie sich vor, Sie sollen einen Vortrag zum Thema »Geo-Engineering« halten. Sie würden zu jeder Maßnahme eine Folie erstellen, auf der aber nicht der ganze Text, sondern nur eine Kurzform enthalten ist.

Erstellen Sie aus den Maßnahmen ②–⑥ eine Kurzform in nominaler Form (siehe Beispiel für ①). *Die Aufgabe ist leichter, wenn Sie zunächst die Wortschatzaufgaben im Übungsbuch bearbeiten.*

ÜB

Im Weltall werden zwischen Sonne und Erde Milliarden kleiner Spiegel **installiert**. Dadurch wird ein Teil des Lichts der Sonne ins Weltall **zurückgestrahlt**. Man schätzt, dass die Spiegel ca. 2 Prozent des Sonnenlichts **abschirmen** können. (1)	• **Installation** von Milliarden kleiner Spiegel zwischen Sonne und Erde • **Rückstrahlung** des Sonnenlichts ins Weltall • **Abschirmung** von 2 % des Sonnenlichts
In den Städten werden die Dächer **geweißt**, sodass auch von hier ein Teil der Sonnenstrahlung reflektiert wird. Der gleiche Effekt würde eintreten, wenn große Flächen der Wüsten mit weißen Planen bedeckt und auf der ganzen Erde sogenannte reflektive Feldfrüchte angebaut würden. (2)	
An Autobahnen werden künstliche Bäume aufgestellt. Die Bäume nehmen wie natürliche Bäume CO2 aus der Luft auf. Das Gas wird in Behältern aufgefangen, verflüssigt und dann mit Hochdruckpumpen in unterirdische Lagerstätten gepumpt. (3)	
Wissenschaftler glauben, dass Vulkanausbrüche das Klima verändern. Durch das ausgestoßene Schwefeldioxid werde das Sonnenlicht gestreut und dadurch die Erdtemperatur abgesenkt. Aus diesem Grund wird vorgeschlagen, Schwefeldioxid oder Aluminiumteile, die eine ähnliche Wirkung haben, in die Stratosphäre zu transportieren. Flugzeuge könnten diese Substanzen freisetzen. Die Erdtemperatur könnte dadurch um 2 Grad abgesenkt werden. (4)	
Die Bildung von Wolken kann durch verschiedene Maßnahmen manipuliert werden. Ein Vorschlag zielt darauf ab, dass Roboterschiffe Meerwasser in die Atmosphäre versprühen. Die Salzkristalle setzen sich in den Wolken fest. Das könnte dazu führen, dass sich Wassertropfen an den Kristallen anlagern. Auf diese Weise wird mehr Sonnenlicht zurückgestrahlt. (5)	
Pflanzen vermindern durch Photosynthese den CO2-Gehalt der Atmosphäre. Aus diesem Grund soll versucht werden, mit geeigneten Mitteln das Wachstum von Algen in den Ozeanen zu begünstigen. Algen werden zum Beispiel mit Eisensalzen gedüngt. Dadurch vermehren sie sich sehr stark und können mehr Kohlendioxid aus der Atmosphäre aufnehmen. (6)	

Die Welt reparieren

Hören Sie den Text in zwei Teilen.

Achten Sie auf **Reformulierungen**, die der Vortragende verwendet, um etwas zu wiederholen oder deutlicher zu machen. *(siehe Kasten »Präsentation: Reformulierungen« auf der nächsten Seite)*

> **Hörtext: Kann das Klima repariert werden?**
> Interview, 950 Wörter   ☺ ☺ ☺ ☺
> Im Interview werden mögliche Folgen des Geo-Engineering aufgezeigt und Pro- und Kontra-Argumente abgewogen.

1. Teil

1 Welche Kritik hat Professor Rehler an den Plänen zur Klimareparatur? Notieren Sie Stichwörter. Konzentrieren Sie sich nur auf seine Kritik.

Maßnahme	Kritik / Nachteile
1	
4	
5	
6	

2. Teil

2 Welche Argumente haben die Befürworter, welche die Gegner des Geo-Engineering?

Befürworter 1.

2.

3.

---

der Aluminiumfaden der Beelzebub die Option der Niederschlag, *Pl.: die* ~schläge das Schwefeldioxid das Sulfat der Monsun das kleinere Übel	pumpen vermeiden austreiben	machbar effizient, *Nomen:* die Effizienz legitim

Gegner   1. _____

2. _____

3. _____

3 Gehört Prof. Rehler zu den Befürwortern oder den Gegnern des Geo-Engineering?

`Nach dem Hören`

4 Bilden Sie vier Gruppen. Jede Gruppe präsentiert eine der Geo-Engineering-Maßnahmen (1, 4, 5, 6) und trägt folgende Punkte vor:

⇨ Was soll gemacht werden?
⇨ Welche Kritik / Gefahren gibt es?
⇨ Was meinen Sie? (Aufforderung zur Diskussion)

Erstellen Sie eine Folie zu der Maßnahme. Verwenden Sie bei Ihrem Vortrag mindestens eine Reformulierung.

Präsentation: Reformulierungen
Mit Reformulierungen wird etwas **wiederholt**, damit der Sachverhalt für den Zuhörer **klarer** oder **einleuchtender** wird. ▸ Das heißt … ▸ Mit anderen Worten: … ▸ Anders gesagt: … ▸ Also ▸ Damit ist gemeint

5 Leseübung. Arbeiten Sie zu zweit.

Partner A Lesen Sie Text A laut vor. Üben Sie vorher. Achten Sie auf Betonungen und Satzmelodie.

Anschließend liest Ihnen Partner B einen Text vor. Kontrollieren Sie mit Hilfe des »Kontrolltextes«, ob Betonungen und Satzmelodie korrekt sind.
Decken Sie die rechte Spalte ab!

Text Partner A

Ja, auch hier gibt es schon Experimente, die unter dem Schlagwort Ozeandüngung bekannt geworden sind. Man provoziert ein starkes Algenwachstum, indem man bestimmte Substanzen ins Meerwasser schüttet, zum Beispiel Eisen. Anders gesagt: Man düngt künstlich das Meerwasser, damit mehr Algen wachsen. Die Algen nehmen das CO2 auf und sinken auf den Meeresboden. Soweit die Theorie. Doch bei allen praktischen Versuchen, die man seit 1993 unternommen hat, war unklar, ob CO2 wirklich auf den Ozeangrund transportiert worden ist.

Kontrolltext

Es gibt den Plan, die Wolken so zu manipulieren, dass sie mehr Sonnenlicht zurückstrahlen. Wenn man das in großem Umfang machen würde, könnte sich ein spürbarer Effekt ergeben. Der Aufwand und die Kosten sind natürlich enorm. Man hat ausgerechnet, dass ungefähr 1500 Schiffe oder schwimmende Plattformen ständig 45 Tonnen Seewasser pro Sekunde mit hohem Druck in die Atmosphäre pumpen müssten. Die Folgen für das Klima sind aber noch völlig unbekannt.

Partner B Partner A liest Ihnen einen kurzen Text vor. Kontrollieren Sie mit Hilfe des »Kontrolltextes«, ob Betonungen und Satzmelodie korrekt sind. Lesen Sie anschließend Text B laut vor. Üben Sie vorher. Achten Sie auf Betonungen und Satzmelodie.
Decken Sie die linke Spalte ab!

Kontrolltext

Ja, auch hier gibt es schon Experimente, die unter dem Schlagwort Ozeandüngung bekannt geworden sind. Man provoziert ein starkes Algenwachstum, indem man bestimmte Substanzen ins Meerwasser schüttet, zum Beispiel Eisen. Anders gesagt: Man düngt künstlich das Meerwasser, damit mehr Algen wachsen. Die Algen nehmen das CO2 auf und sinken auf den Meeresboden. Soweit die Theorie. Doch bei allen praktischen Versuchen, die man seit 1993 unternommen hat, war unklar, ob CO2 wirklich auf den Ozeangrund transportiert worden ist.

Text Partner B

Es gibt den Plan, die Wolken so zu manipulieren, dass sie mehr Sonnenlicht zurückstrahlen. Wenn man das in großem Umfang machen würde, könnte sich ein spürbarer Effekt ergeben. Der Aufwand und die Kosten sind natürlich enorm. Man hat ausgerechnet, dass ungefähr 1500 Schiffe oder schwimmende Plattformen ständig 45 Tonnen Seewasser pro Sekunde mit hohem Druck in die Atmosphäre pumpen müssten. Die Folgen für das Klima sind aber noch völlig unbekannt.

	Konjunktiv II
würde	Man würde große Flächen bedecken.
ein / haben Gegenwart	Große Kosten wären die Folge. Der Plan hätte Auswirkungen auf das Klima.
Vergangenheit	Große Kosten wären die Folge gewesen. Der Plan hätte Auswirkungen auf das Klima gehabt.
Passiv Gegenwart	Große Flächen würden bedeckt werden.
Passiv Vergangenheit	Große Flächen wären bedeckt worden.
mit Modalverb	AKTIV: Man müsste große Flächen bedecken. PASSIV: Große Flächen müssten bedeckt werden. / Große Flächen hätten bedeckt werden müssen.

Erwärmung des Klimas auszugleichen. (bedecken müssen). Zur Umsetzung der Idee **müssten** enorme Geldbeträge für Material, Durchführung, Instandhaltung und Entsorgung **aufgewendet werden** (müssen aufwenden). Wüstengebiete erscheinen zwar durch hohe jährliche Sonneneinstrahlung und geringe menschliche Nutzung besonders geeignet, ein solcher Eingriff **hätte** jedoch gravierende Folgen für die Umwelt (haben). Das Abschotten des Sonnenlichtes durch das Abdecken des Wüstenbodens **könnte** die Lebensgrundlage in einem der empfindlichsten Lebensräume der Erde **zerstören** (zerstören können). Auch die düngende Funktion der Wüsten für die Ozeane **wäre eingeschränkt** (eingeschränkt sein). Denn mit Wüstensand, der in der Atmosphäre über weite Strecken transportiert wird, gelangt auch Eisen in die Ozeane, das eine wichtige Rolle für die Nährstoffversorgung der Meeresalgen spielt.

Hinzu tritt ein weiteres Problem: Eine derartige Maßnahme **könnte sich auswirken**, zum Beispiel auf die Monsunzirkulationen (sich auswirken können).

1 Ergänzen Sie die **Verben in Klammern**. Verwenden Sie den Konjunktiv II (1 Lücke = 1 Wort).

2 Welche Folgen (ab Z. 21) könnte der Vorschlag haben? Antworten Sie in nominaler Form.

⇒ Die Zerstörung der Lebensgrundlage in einem der empfindlichsten Lebensräume der Erde
⇒ Die Einschränkung der düngenden Funktion der Wüsten für die Ozeane.
⇒ Das Gelangen von Eisen mit Wüstensand in die Ozeane.
⇒ Auswirkung auf lokale und regionale Wetter- und Niederschlagsmuster

3 *Im Jahre 2525:* **Das hätte man nicht tun sollen. Ergänzen Sie irreale Konditionalsätze.**

a) Installation von Spiegeln zwischen Sonne und Erde — Es hätten keine Spiegel zwischen Sonne und Erde installiert werden dürfen.
b) Transport von Schwefeldioxid in die Atmosphäre — Schwefeldioxid in die Atmosphäre hätte nicht transportiert werden dürfen.
c) künstliche Düngung der Meere — Die Meere hätten nicht künstlich gedüngt werden dürfen.
d) Versprühen von Meerwasser in die Atmosphäre — Meerwasser hätte nicht in die Atmosphäre versprüht werden dürfen.

10 Den Menschen reparieren

A Im folgenden Text geht es um die Evolution des Menschen. Unter anderem werden auch einige Grundprinzipien der Evolution benannt. Entscheiden Sie, welche Prinzipien zutreffen (R) und welche nicht zutreffen (F).

Die Evolution

a) passt Körperteile veränderten Umweltbedingungen an. ☐ R ☐ F
b) hat ein Ziel. ☐ R ☐ F
c) hat kein Ziel. ☐ R ☐ F
d) versucht immer, perfekte Lösungen zu schaffen. ☐ R ☐ F
e) versucht, Lösungen zu schaffen, die funktionieren, auch wenn sie nicht perfekt sind. ☐ R ☐ F

B Wortschatz. Beschriften Sie die Abbildungen mit folgenden Wörtern.

Linse, Netzhaut, Wirbel,
Bänder, Weisheitszahn, Wrack, Strauß, Kiefer

C Der Text hat den Titel »Fehlkonstruktion Mensch«. Wo könnte er Ihrer Meinung nach »falsch konstruiert« sein?

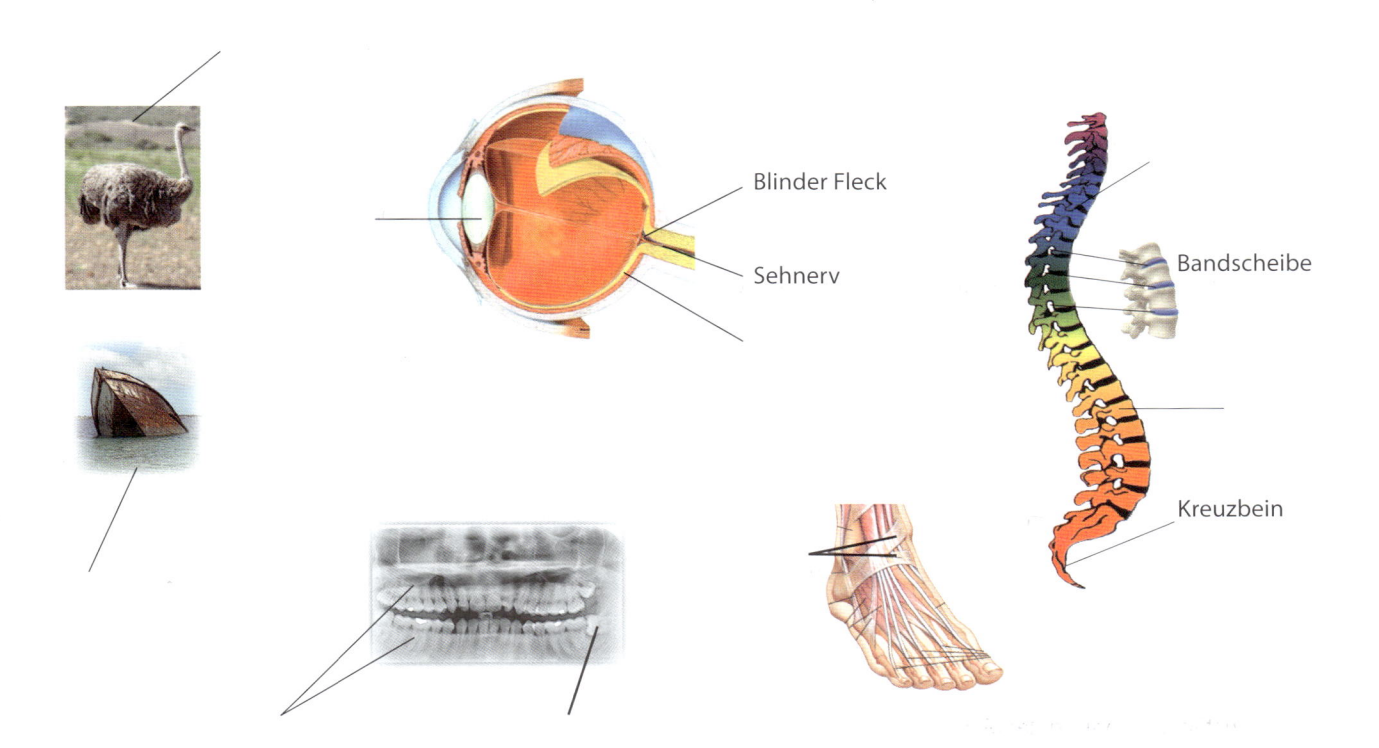

Blinder Fleck
Sehnerv
Bandscheibe
Kreuzbein

Den Menschen reparieren

1 Der Text hat das nebenstehende Gliederungsschema.
 ⇨ Markieren Sie, wo ein neuer Gliederungspunkt anfängt.
 ⇨ Schreiben Sie für den Hauptteil (B 1. – 4.) das Themenwort an den Rand.
 ⇨ Markieren Sie für den Hauptteil die Schlüsselwörter.

A	Einleitung
B	Hauptteil
	1. Fuß
	2. Rücken
	3. Weisheitszähne
	4. Augen
C	Schluss

Fehlkonstruktion Mensch

Der Mensch ist ein Wrack. Seine Füße sind eine Katastrophe, der Rücken ist eine merkwürdig gebogene Konstruktion, die ihm Schmerzen bereitet. Die Zähne stecken in einem zu kleinen Kiefer. Die Augen sind falsch verdrahtet. Das Becken zwingt Frauen zu einer Geburt unter gewaltigen Schmerzen. Und dann sind die Neugeborenen auch noch extrem unreif und auf Fürsorge angewiesen.

»Narben der Evolution« nennen Wissenschaftler alle diese körperlichen Probleme, die daraus resultieren, dass der Mensch seinen aufrecht gehenden und mit einem großen Gehirn ausgestatteten Körper von kletternden, vierbeinigen Affen geerbt und im Lauf der Jahrmillionen nur geringfügig modifiziert hat.

Alle Körperteile sind Kompromisse zwischen den Bedürfnissen der Ahnen und denen ihrer Nachkommen. Das heißt, sie passen eigentlich nie hundertprozentig. Denn die Evolution kann nur mit dem arbeiten, was sie hat. Körperteile völlig neu zu entwickeln und so veränderten Anforderungen anzupassen, ist nicht möglich. Die Evolution plant nicht. Sie hat kein Ziel und schafft deshalb keine perfekten Lösungen. Stattdessen probiert sie verschiedene Lösungen so lange aus, bis alles irgendwie funktioniert.

Der menschliche Fuß ist ein typisches Beispiel dafür. Der Fuß des aufrecht gehenden Menschen enthält immer noch 26 bewegliche Teile wie bei seinen auf Bäume kletternden Vorfahren. Zum Gehen und Laufen auf zwei Beinen wird aber eine Einheit benötigt. Die »Lösung« dieses Problems besteht darin, dass die verschiedenen Knöchelchen durch ein Netz von Bändern zusammengehalten werden, die aber sehr empfindlich sind und bei hoher Beanspruchung leicht reißen können. Im Gegensatz dazu hat die Evolution aus dem Strauß einen perfekten Läufer gemacht. Die Fußknochen dieser Vögel sind zum größten Teil verschmolzen. Allerdings haben sie auch 230 Millionen Jahre mehr Zeit für die Evolution gehabt.

Auch beim Rücken ist das Hauptproblem der aufrechte Gang, für den die kompliziert konstruierte Wirbelsäule des Homo sapiens keineswegs perfekt ist. Man stelle sich vor, man stapele 24 Tassen und Untertassen auf und lege oben drauf ein Buch, und dann soll sich der Stapel auch noch bewegen. Genau dieses Kunststück wird beim aufrechten Gang von der Wirbelsäule verlangt.

Hinzu kommt, dass sie im Kreuzbein nicht senkrecht, sondern in einem Winkel beginnt, damit bei der Frau der Geburtskanal offen bleibt. Dieser Winkel muss in drei Kurven korrigiert werden, damit die Körperteile bis hinauf zum Kopf über den Füßen bleiben. Diese Kurven können dazu führen, dass die Wirbel unter Druck geraten und spontan brechen, was bei keinem anderen Säugetier vorkommt.

Die Elemente des Rückgrats sind zudem noch besonders groß und leicht, wahrscheinlich um den Druck auf die empfindlichen Bandscheiben zu verringern, die sich nach einem Schaden nicht regenerieren können. Der Leichtbau vergrößert aber die Gefahr des Wirbelbruchs weiter.

das Wrack	modifizieren	unreif
die Narbe	improvisieren	aufrecht
der Ahn, die Ahnen *(mst. Pl)*	verschmelzen	evolutionär
die Nachkommen *(mst. Pl)*	regenerieren	lichtempfindlich
der Stapel	verkanten	
das Säugetier	fokussieren	
die Anlage	ersparen	

Weisheitszähne sind ebenfalls Narben der Evolution. Dabei handelt es sich um die dritten Backenzähne, die spät, am Ende der Pubertät, aus dem Kiefer brechen. Unglücklicherweise haben sie im unteren Kiefer kaum noch Platz, sie verkanten und verursachen erhebliche Schmerzen. Der fehlende Platz im Kiefer ist auf das evolutionäre Wachstum des Gehirns zurückzuführen. Als das Gehirn immer größer wurde, rückte das Gesicht nach unten. Das hatte zur Folge, dass der Kiefer kürzer wurde.

Allerdings scheint die Evolution schon dabei zu sein, das selbst geschaffene Problem zu lösen. Viele Menschen haben nämlich schon seit einigen Tausend Jahren eine genetische Veränderung durchgemacht, die die Anlage von einem oder mehreren der Weisheitszähne verhindert: Forschungen zufolge ist das zum Beispiel bei 44 Prozent der heute lebenden Chinesen der Fall, eine große Steigerung gegenüber den 33 Prozent in der Bronzezeit. Von den Australiern bleiben hingegen nur 1,5 Prozent die Schmerzen erspart.

Auch die Augen sind ein Beispiel dafür, dass die Evolution kein guter Ingenieur ist. Zunächst ist die Netzhaut falsch eingebaut, sodass die Nervenfasern über den lichtempfindlichen Zellen liegen. Die Folge ist ein blinder Fleck, wo der Sehnerv aus dem Auge herausführt. Die zweite Fehlkonstruktion ist die Methode, das Auge zu fokussieren, um scharf sehen zu können. Kleine Hilfsmuskeln ziehen an der Linse, die dadurch ihre Form ändert: Der Mechanismus lässt nach etwa 40 Jahren nach, dann braucht man eine Brille.

Viele der Probleme könnte sich der Mensch ersparen, wenn er nicht so lang leben würde. Viele Vormenschen, und auch noch die Neandertaler, sind viel früher gestorben. Immerhin hat die Evolution beim Menschen aber die Gabe erzeugt, eine Kultur zu entwickeln und manche der körperlichen Probleme auf diese Weise erträglicher zu machen. Sie helfen einander und geben neu entwickeltes Wissen weiter. Darum ist die Geburt für Menschen ein soziales Ereignis, in dem Verwandte oder Spezialisten der Schwangeren beistehen. Und darum gibt es Brillen, Schuhe, Zahnärzte und Medizin und Gymnastik gegen Rückenschmerzen.

2 Erstellen Sie für den Hauptteil eine »Mindmap«. Verdeutlichen Sie logische Beziehungen durch Symbole (z.B. Grund-Folge-Verhältnis: ➡). Sie können eine Struktur wie im Beispiel oder eine völlig andere zeichnen.
Wenn Sie in Gruppen arbeiten, können Sie

- ➪ jeweils eine »Narbe« bearbeiten und auf ein DIN A4-Blatt schreiben. Im Plenum werden die Blätter dann zu einer Gesamt-Mindmap zusammengestellt.
- ➪ alle vier »Narben« bearbeiten. Verwenden Sie in dem Fall zwei oder mehrere zusammengeklebte Blätter oder eine Wandzeitung.

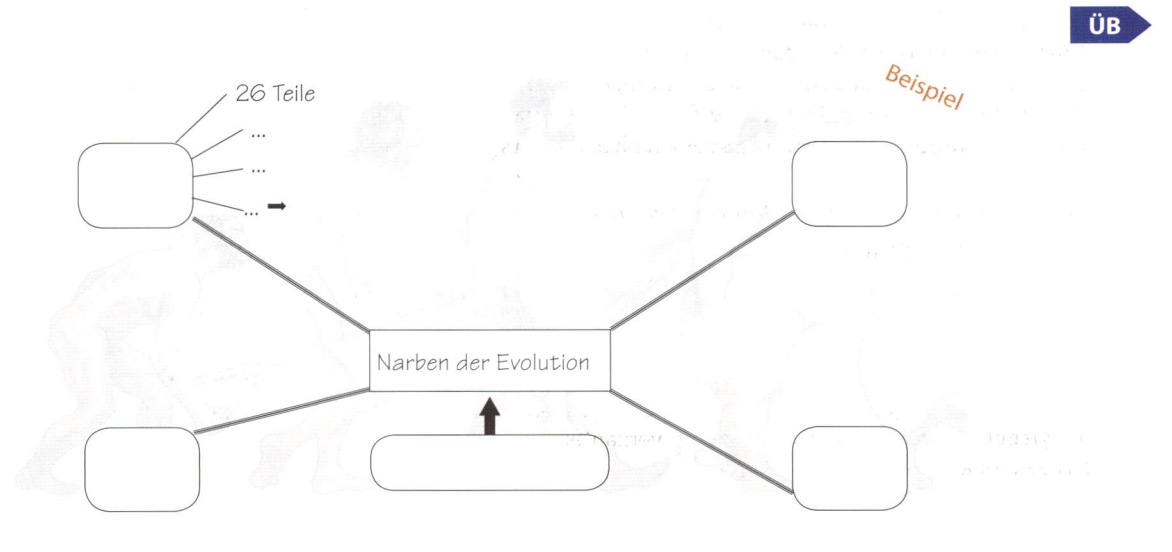

Partizip-Attribute

1 Partizipattribute. Markieren Sie im Text alle Linksattribute mit einem Partizip I oder II. Ergänzen Sie anschließend die Lücken.

Partizipattribute	
bei seinen auf Bäume kletternden Vorfahren	bei seinen Vorfahren, die auf Bäume geklettert sind (geklettert)
die kompliziert konstruierte Wirbelsäule	die Wirbelsäule, die kompliziert konstruiert ist
seinen aufrecht gehenden und mit einem großen Gehirn ausgestatteten Körper	seinen Körper, der aufrecht geht und mit einem großen Gehirn ausgestattet ist
neu entwickeltes und an die Nachfahren weitergegebenes Wissen	Wissen, das neu entwickelt und an die Nachfahren weitergegeben wird
Linksattribut mit Partizip I oder Partizip II	**Relativsatz im Aktiv oder (Zustands-)Passiv**

▶ GR S. 120

2 Ergänzen Sie die das Links- oder das Rechtsattribut.

Linksattribut mit Partizip I oder II	Rechtsattribut: Relativsatz
der ihm Schmerzen bereitende Rücken	der Rücken, der ihm Schmerzen bereitet
die auf Fürsorge angewiesenen Neugeborenen	die Neugeborenen, die auf Fürsorge angewiesen sind
der aus 26 beweglichen Teilen bestehende Fuß	der Fuß, der aus 26 beweglichen Teile besteht
die durch Bänder zusammengehaltenen Knöchel	die Knöchel, die durch Bänder zusammengehalten sind
die beim Strauß zum größten Teil verschmolzenen Fußknochen	die Fußknochen, die beim Strauß zum größten Teil verschmolzen sind
die mit 230 Millionen Jahren mehr Zeit für die Evolution Strauße	die Strauße, die 230 Millionen Jahre mehr Zeit für die Evolution *gehabt haben*
die durch die Konstruktion der Wirbelsäule vergrößerte Gefahr	die Gefahr, die durch die Konstruktion der Wirbelsäule vergrößert ist
die falsch eingebaute Netzhaut	die Netzhaut, die falsch eingebaut ist.
die viel früher gestorbenen Neandertaler	die Neandertaler, die viel früher gestorben sind.
die als ein soziales Ereignis für Menschen zählende Geburt	die Geburt, die für Menschen ein soziales Ereignis *ist*

104

Adversativsätze

Jagd = la chasse

GR 10

Kontraste: Augen

Fliegen sollte man nicht von vorne, sondern von hinten fangen. Stubenfliegen sehen nämlich die Hand oder die Fliegenklatsche wirklich kommen und haben deswegen genügend Zeit davonzufliegen. Zu verdanken haben sie das nicht den langsamen Bewegungen der menschlichen Hand. Vielmehr hilft ihnen eine besondere Fähigkeit ihrer Facettenaugen: ihr Zeitlupenblick. Bei uns Menschen verschmelzen mehr als 18 Bilder pro Sekunde schon zu einem Bewegungsablauf, wohingegen Stubenfliegen ganze 250 Bilder in der Sekunde sauber voneinander trennen können. Der Vorteil: Auch schnellste Bewegungen kommen ihnen sehr langsam vor, es bleibt ausreichend Zeit, auf das Wahrgenommene zu reagieren. Allerdings können sie diese Fähigkeiten nur für den Blick nach vorne nutzen. Ihr Blick nach hinten ist längst nicht so gut. Ihr eigener Körper verdeckt einen Teil des Sehfeldes. Wer sich also von hinten nähert und dann auch noch richtig schnell ist, hat eine Chance, die Fliege zu überraschen.

Der für Menschen sichtbare Bereich des Lichts erstreckt sich über eine Wellenlänge von 380 bis 780 Nanometer (nm). Unterhalb einer Wellenlänge von 380 nm beginnt das ultraviolette Licht, das das menschliche Auge nicht wahrnehmen kann. Im Gegensatz dazu sehen Bienen im ultravioletten Bereich des Lichts. Während wir Menschen die ultravioletten Färbungen vieler Blumen nicht einmal sehen können, liefern sie den Insekten wertvolle Informationen.

Der andere Bereich des Spektrums, das Infrarot, beginnt bei 780 nm. Menschen können infrarotes Licht nicht wahrnehmen, aber Schlangen zum Beispiel können es und benutzen diese Fähigkeit bei der Jagd im Dunkeln.

Indessen verfügen weder Stubenfliegen noch Bienen noch Schlangen über die Sehschärfe des Menschen. Feinste Details, die das menschliche Auge wahrnehmen kann, bleiben ihnen verborgen. Aber es gibt Tiere, die auch den Menschen an Sehschärfe übertreffen, zum Beispiel Greifvögel.

1 Ergänzen Sie die Sätze mit den Informationen des Textes. Die Sätze müssen grammatisch vollständig sein.

a) Dank ihres Zeitlupenblicks *können Stubenfliegen ~~verdanken~~ auf schnelle Bewegungen reagieren*

b) Von hinten kann man Fliegen besser fangen, weil *ihr Blick nach hinten längst nicht so gut ist.*

c) Weil Bienen im ultravioletten Bereich des Lichts sehen können, *werden ihnen wertvolle Informationen über viele Blumen geliefert.*

d) Zwar haben Stubenfliegen, Bienen und Schlangen erstaunliche visuelle Fähigkeiten, *aber feinste Details, die das menschliche Auge wahrnehmen kann, bleiben ihnen verborgen.*

2 Im Text werden die Fähigkeiten von menschlichen Augen und denen einiger Tiere gegenübergestellt. Sprachlich kann dies mit **adversativen Konnektoren** ausgedrückt werden. **Adversativsätze** stellen einen *Kontrast*, einen *Gegensatz* dar. Unterstreichen Sie alle adversativen Konnektoren.

3 In zwei Sätzen wird eine verneinte Aussage korrigiert. Mit welchen Konnektoren wird diese Korrektur ausgedrückt?

4 Ergänzen Sie in dem folgenden Text passende Konnektoren aus dem Text »Kontraste: Augen«. Achten Sie bei der Auswahl der Konnektoren auf die Satzstellung.

Kontraste: Riechen, tasten, hören

▶ GR S. 122

Der Mensch erforscht seine Umwelt vor allen Dingen mit den Augen. _____ benutzen Hunde ihren Geruchssinn, um die Welt zu erforschen. Die Nase des Hundes ist wesentlich empfindlicher als die des Menschen. Der Mensch hat etwa 5 Millionen Riechzellen, _____ ein Schäferhund über 220 Millionen verfügt. 10 Prozent des Gehirns eines Hundes beschäftigen sich mit der Verarbeitung von Gerüchen, _____ es bei Menschen nur ein Prozent ist.

Seehunde orientieren sich _____ wie Hunde mit der Nase, _____ mit ihrem Tastsinn. Dabei nehmen sie Bewegungen _____ nicht über die Haut wahr, wie Menschen, wenn sie mit den Fingerspitzen über einen Gegenstand streichen. _____ benutzen sie ihre Barthaare, auch Vibrissen genannt.

Auch ihr Gehör ist wesentlich empfindlicher als das des Menschen. _____ sind Seehunde farbenblind und haben einen schwachen Geruchssinn.

▶ ÜB

11 Wem gehört die Stadt?

1990 — Mainzer Straße, Berlin — **2006**

A Beschreiben Sie die Bilder.

⇨ Was hat sich verändert?
⇨ Welche Ursachen haben die Veränderungen?
⇨ Wo möchten Sie wohnen? In der Mainzer Straße wie im Jahre 1990 oder wie im Jahre 2006?

B Recherchieren Sie, wie hoch die Mieten in der Mainzer Straße heute sind. Als Vergleich nehmen Sie die Wohnung, in der Sie wohnen.

C Lesen Sie die folgenden Sätze.

- Der Mann war mit einer Maschinenpistole in die Bank eingedrungen. Erst nach mehrstündigen Verhandlungen gelang es den Sicherheitskräften, den Mann zu **entwaffnen** und festzunehmen.
- Rezept Pflaumenmus: Die gewaschenen und **entkernten** Pflaumen zusammen mit dem Zimt und Zucker in eine Schüssel geben.
- Die **Enthauptung** wurde früher meist mit einem Schwert oder einer speziellen Axt (Richtbeil) durchgeführt. Seit der Französischen Revolution wurde meist ein Fallbeil eingesetzt, die sogenannte Guillotine.
- Eine böse Überraschung erlebte Robert F. bei der Testamentseröffnung. Sein verstorbener Vater, Multimilliardär, hatte ihn **enterbt**.

⇨ Welche Bedeutungen haben • entwaffnen • entkernen • enthaupten • enterben?
⇨ Das Präfix **ent-** kommt sehr oft in deutschen Verben vor. Welche Bedeutung hat es?
⇨ Welche Bedeutung hat demnach »**entmieten**«?

D Der Hörtext beginnt so:

»Als Gisela Samsa eines Morgens aus unruhigen Träumen erwachte, erblickte sie einen fremden Mann. Er hatte einen Helm auf. Er stand auf einem Baugerüst. Es war ein Bauarbeiter. Panisch zog sie die Vorhänge zu, was sie sonst nie machte, im 4. Stock. Von nun an war es vorbei mit dem gemütlichen Wohnen am Helmholtzplatz 9.«

> Hörtext: **Man will mich entmieten!**
> Reportage, 1245 Wörter ☺ ☺
> Eine Frau berichtet, was einem als Mieter in einer Großstadt passieren kann, wenn das Viertel, in dem man wohnt, sehr attraktiv wird.

Was ist passiert? Was vermuten Sie? Lesen Sie dazu auch die beiden Briefe, die Frau Samsa erhalten hat.

das Baugerüst	sanieren	mürbe
die Prämie	modernisieren	knüppeldick *(ugs.)*
der Eigenbedarf	jdm. kündigen	beinhart *(ugs.)*
der Investor (investieren)	am längeren Hebel sitzen	urban
das Penthouse	einer Beschäftigung nach-	dynamisch
die Vermittlungsagentur	gehen (arbeiten)	
die Eigentumswohnung	die Miete mindern	

106

HV 11

Brief 1

Ihre Wohnung Helmholtzplatz 9
Terminvereinbarung / Mietergespräch

Sehr geehrte Frau S.,

dürfen wir uns kurz vorstellen. Wir sind eine Agentur, die zwischen Eigentümern von Wohnraum und Mietern vermittelt und für einen fairen Interessenausgleich eintritt.

Wir wurden vom Eigentümer Ihrer o.g. Wohnung, Wohnungsbau Profitas GmbH, beauftragt, mit Ihnen Kontakt aufzunehmen. Es stehen Veränderungen im Haus an, über die wir gern mit Ihnen sprechen würden.

Wir schlagen Ihnen einen Termin am 14. Oktober 2013, 17.00 Uhr in Ihrer Wohnung vor. Sollten Sie einen anderen Termin wünschen, bitten wir um einen Rückruf.

Mit freundlichen Grüßen

Brief 2

Helmholtzplatz 9, Erwerbsarbeit

Sehr geehrte Frau S.,

ich darf Ihnen anzeigen, dass uns die Wohnungsbau Profitas GmbH mit der Vertretung ihrer Interessen beauftragt hat.

Wir haben Hinweise, dass Sie in der Wohnung Helmholtzplatz 9, 4. Stock, rechts, einer gewerbsmäßigen Arbeit nachgehen.

Ich mache Sie darauf aufmerksam, dass eine gewerbliche Nutzung Ihrer Wohnung nicht gestattet ist. Ich habe Sie aufzufordern, diese einzustellen.

Sollten Sie der Aufforderung nicht nachkommen, behalten wir uns weitere rechtliche Schritte ausdrücklich vor.

Mit freundlichen Grüßen

Hören Sie den Text.
- Machen Sie sich Notizen zu den Punkten der Reportage.
- Vergleichen Sie nach dem Hören mit Ihrem Lernpartner.
- Beantworten Sie die Fragen schriftlich.

1 In welcher Situation befindet sich Frau Samsa?

2 Welche Vorschläge macht der Vermittler, Herr Pfaumann? Wie reagiert Frau Samsa darauf?

3 Welche Maßnahmen unternimmt die Profitas GmbH?

4 Frau Samsa »geht in die Offensive«. Was macht sie? Was erreicht sie?

Wem gehört die Stadt?

5 Welche Argumente hat Herr Heimann, der Vertreter von Profitas GmbH?

_____
_____
_____

6 In der Reportage wird beschrieben, was das Verb »entmieten« bedeutet. Erklären Sie es mit eigenen Worten.

»Entmieten« bedeutet _____

Nach dem Hören

7 Ein Freund/eine Freundin wohnt in Frankfurt. Sie haben gelesen, dass in dem Viertel wo er / sie wohnt ebenfalls Mietwohnungen in Eigentumswohnungen umgewandelt werden. Sie befürchten, dass Ihrem Freund / Ihrer Freundin auch die »Entmietung« droht.

Schreiben Sie ihm / ihr eine E-Mail. Gehen Sie auf folgende Punkte ein:
- ⇨ Mit welchen Maßnahmen der Entmietung muss er / sie rechnen?
- ⇨ Welche Tipps würden Sie geben?

8 Helen K. arbeitet bei einer Immobilienfirma. Bis jetzt hat sie sich um den Ankauf von Objekten gekümmert. Ab nächsten Monat soll sich ihr Aufgabenbereich ändern. Sie wird dann zuständig sein für die Entmietung von Wohnungen, damit diese als Eigentumswohnungen verkauft werden können.
Helen K. bekommt Gewissensbisse ...
Schreiben Sie einen ähnlichen Bericht wie in Kapitel 4 (»Beruf & Moral«), S. 40 - 43.

9 Spielen Sie folgende Szenen.
- ⇨ Frau Samsa trifft den Vermittler, Herrn Pfaumann.
- ⇨ Mieter des Helmholtzplatz 9 treffen sich im Treppenhaus und sprechen über die Situation / über ihre Entscheidung (die alleinerziehende Frau, das Studentenpärchen, der alte Mann, die Mieter, gegen die Räumungsklage erhoben wurde, ein Mann, der gerne Gerüchte verbreitet).
- ⇨ Frau Samsa spricht mit Herrn Heimann, dem Vertreter von Profitas GmbH.

GR 11

Bestimmter und unbestimmter Artikel

Ergänzen Sie den bestimmten, den unbestimmten oder den »Nullartikel« (Ø). Wie lautet die Regel?

▶ GR S. 123

Eigenbedarf

_____ Hauseigentümer darf _____ Mietwohnung nur kündigen, wenn er _____ Eigenbedarf nachweisen kann. _____ Eigenbedarf liegt vor, wenn _____ Vermieter _____ Wohnung für sich selbst, für _____ Familienangehörige oder für _____ Pflegeperson benötigt. Für _____ Pflegeperson hat _____ Vermieter _____ Nachweis vorzulegen. _____ Nachweis kann von _____ Arzt oder _____ Krankenversicherung stammen.

_____ Familienangehörige, zu deren Gunsten _____ Vermieter wegen _____ Eigenbedarf kündigen kann, sind zum Beispiel _____ Eltern oder _____ eigenen Kinder _____ Vermieters.

---

1 Welche Verben mit »ent-« passen? Schreiben Sie die Verben unter die Abbildungen.

a   b   c

Hauptbedeutungen Präfix **ent–**	
Bedeutung	Beispiele
1. wegnehmen, befreien von	entgleisen, enthüllen, entkernen, entkleiden, entkräften, entmachten, entmutigen, enträtseln, entreißen, entsorgen, entspannen, entweichen, entwerten
2. Beginn	entbrennen, entflammen, entspringen, entstehen, entzünden

d   e   f

g   h   i   j

2 »ent-« = weg. Ergänzen Sie Verben oder nominalisierte Verben mit »ent-« in den Sätzen. Die Verben mit »ent-« in den blau markierten Sätzen haben auch eine übertragene Bedeutung.

a) Der CIA-Agent Snowden hat ein weltweites Überwachungssystem _____ . – Die _____ einer Gedenktafel für die Naziopfer wurde im Fernsehen übertragen.

b) Nach dem Marathon-Lauf sank er völlig _____ zu Boden. – Sie _____ die Argumentation mit dem Hinweis, dass es keinen empirischen Beweis für seine These gebe.

c) Der Streit _____ sich an der Frage, wer in der WG wann saubermacht. Das Feuer wurde durch einen elektrischen Funken _____ .

d) Die Lage auf dem Arbeitsmarkt _____ sich geringfügig. Es wurden im Monat Mai 20 000 Arbeitslose weniger gemeldet.
Es gibt verschiedene meditative Techniken, die der _____ dienen, zum Beispiel Yoga.

109

Wer besitzt

»Für bezahlbare Mieten«, steht auf dem Transparent des bis zum Dach bunt bemalten Wohnhauses. Die umliegenden frisch renovierten Altbauten sind von Farbbeutelwürfen übersät. »Vorsicht Krisengebiet« ist an eine Wand gesprüht. Darunter das Bild eines brennenden Polizeiautos.

An keinem anderen Ort wird der Konflikt zwischen dem Friedrichshain der neunziger Jahre und dem heutigen Ausgehbezirk so deutlich wie in der Rigaer Straße. Für die eine Seite ist es ein Kampf gegen steigende Mieten und »Yuppiesierung«. Für die andere geht es um »Aufwertung«, Investitionen in gewinnbringende Immobilien und schönes Wohnen.

Dazwischen stehen die Friedrichshainer, die hier lange wohnen und miterlebten, wie aus dem Arbeiterviertel eine beliebte Partymeile wurde. Eine von ihnen ist Beate Klemm. 1991 zog die Buchhändlerin in die Simon-Dach-Straße. »Damals gab es hier nur eine Kneipe und einen Bäcker«, erzählt die 38-Jährige. Wohnen wollte in der heruntergekommenen Gegend kaum jemand. Klemm erinnert sich, wie sie in einer Silvesternacht mit einer Freundin vorm Haus feiern wollte. »Die Straße war komplett leer«, sagt sie, »wir standen da ganz allein mit unseren Sektgläsern.« Sie selbst hatte viele Freunde, die in besetzten Häusern im Kiez wohnten. »Für uns waren die Hausbesetzungen etwas völlig Normales.« Vor allem junge Leute hätten sich auf der Suche nach billigem Wohnraum den Besetzern angeschlossen.

Die große Hausbesetzerwelle begann in Friedrichshain und anderen Ostbezirken Anfang der neunziger Jahre. Gleich nach dem Mauerfall wurden dutzende leer stehende Gebäude von Punks, Künstlern und Autonomen in Beschlag genommen. Bis zur Wiedervereinigung im Oktober 1990 konnte man problemlos Häuser besetzen. Die West-Berliner Polizei durfte im Osten nicht eingreifen.

Der große Schock für die Hausbesetzer kam kurz nach der Wiedervereinigung. Begleitet von stundenlangen Straßenschlachten stürmten am 14. November knapp 4000 Polizisten die Mainzer Straße. Die Besetzer warfen Brandsätze und Steine, die Polizei antwortete mit Tränengasgranaten und Räumpanzern. Ab 1991 setzten die meisten Besetzer auf Verhandlungen mit der Stadt. Viele Wohnprojekte wurden legalisiert, und die Besetzer erhielten Mietverträge, die zum Teil immer noch gelten.

Die Mischung aus Künstlern, Musikern und Hausbesetzern habe den Bezirk in diesen Jahren geprägt, sagt Klemm. »Es gab plötzlich ganz andere Bedürfnisse im Kiez.« Vorher habe es beispielsweise kaum Kneipen gegeben, vor denen man im Sommer die ganze Nacht sitzen konnte. 1996 gründete Klemm den kleinen Buchladen »Lesen und lesen lassen«, den es bis heute gibt. Mit dem Bezirk änderte sich auch langsam ihre Kundschaft. Klemm erzählt von Kunden, die wegziehen mussten, weil ihr Haus teuer saniert und dadurch unbezahlbar wurde. Inzwischen fließen Touristenströme durch die Straßen.

Gentrifizierung nennen Sozialwissenschaftler die Verdrängung von einkommensschwachen Bevölkerungsschichten aus Innenstadtbereichen, weil die Mieten unbezahlbar werden. Das Paradoxe daran ist, dass die Hausbesetzerszene – ohne es zu wollen – über die Jahre selbst dafür sorgte, dass sich Immobilienfirmen jetzt um Häuser im Kiez reißen. Normalerweise gelten bemalte Wände als Sachbeschädigung, Demonstrationen und illegale Freiluftpartys als Ärgernis. In Friedrichshain erhöht ausgerechnet all das die Anziehungskraft für Studenten mit reichen Eltern und für junge Unternehmer. Werbeagenturen und Klubbesitzer preisen den Bezirk trotz brennender Autos als »großartiges kreatives Umfeld« an. Und die Mieten und Grundstückspreise steigen.

---

der Kiez	sich jdm. anschließen	heruntergekommen
der Farbbeutel	in Beschlag nehmen	einzigartig
das Ärgernis	stürmen	ausgefallen
das Klischee	legalisieren	seinesgleichen
der Reiz	sich reißen um	neureich
die Randale	sich mehren	öde
das Dilemma	sich vollziehen	

den Kiez?

Thomas, der in Wirklichkeit anders heißt, sagt von sich selbst, dass er genau in das Klischee vom zugezogenen Neureichen aus Westdeutschland passt. Mit einem Laptop sitzt er in einem Café an der Revaler Straße. Im Minutentakt klingelt sein Handy. »Ja, ich fahre einen teuren Wagen und verdiene mehr als die meisten im Bezirk«, sagt der 26-Jährige selbstbewusst. Er wählt FDP und arbeitet für den IT-Bereich einer großen Firma. Trotzdem fühlt er sich in Friedrichshain seit vier Jahren zu Hause. Gerade das »raue Underground-Flair«, die ungewöhnlichen Klubs und die Straßenkunst machen für ihn den Kiez einzigartig. »Warum sollte ich nicht hier wohnen?«, fragt er. Mit dem Geld, das er im Bezirk ausgebe, helfe er indirekt allen Anwohnern.

Beate und Thomas – zwei Vertreter unterschiedlicher Milieus – leben noch zusammen im selben Viertel. Fast zwanzig Jahre nach den Hausbesetzungen mehren sich aber die Zeichen der Entmischung, so nennen das Stadtsoziologen. Den Attac-Leuten, die ein kleines Kellerbüro haben, ist gekündigt worden. Der Entmieter war ein Mann um die dreißig, er sagt, dass da jetzt was Gastronomisches reinkommen soll, was Originelles, vielleicht eine Sushi-Bar. Ein Haus schräg gegenüber wurde von spanischen Investoren ebenfalls radikal entmietet, der Quadratmeter kostet jetzt etwa 3000 Euro. Das Straßenfest, das immer sehr schön war, ist diesmal ausgefallen. Seit Jahren schon konnte man auf Plakaten lesen, dass sich das Organisationskomitee über mangelnden Nachwuchs beklagt. Die neuen Bewohner haben viel zu tun, natürlich, denn sonst könnten sie wohl ihre Mieten und ihre Kredite nicht bezahlen. Das alles vollzieht sich in Zeitlupe, nicht radikal, nicht schnell, sondern Schritt für Schritt, Haus für Haus.

Thomas, der das Underground-Flair liebt, wird bald nur noch unter seinesgleichen sein. Das ist das Dilemma der Neureichen. Indem man kommt, macht man es kaputt. Vielen anderen Großstädten ist es so ergangen. Völlig langweilig und öde. Spiegelglatt, totsaniert. Lauter Wohlhabende.

Der alte Mann, der mit seinem Hund immer am offenen Fenster sitzt, umgeben von bunten Plastikblumen, die Biertrinker vor Getränke Hoffmann, die Hausmeister, die Rentnerinnen in Kittelschürzen, die Dönerbuden der Türken, Helmut, der sein Klavier durch die Straßen schiebt und klassische Stücke spielt, – das alles gehört dazu, und genau das macht den Reiz des Viertels aus.

Wenn der Prozess der Gentrifizierung in Friedrichshain abgeschlossen sein wird, wird es keine Gewinner geben, nur Verlierer.

1 Erstellen Sie eine Chronik der Ereignisse, die im Text beschrieben werden.

Anfang 1990	
11/1990	
ab 1991	
1996	
ab circa 2010	

Wem gehört die Stadt?

2 In dem Artikel wird der Ausdruck »*Gentrifizierung*« verwendet. Markieren Sie die Stellen im Artikel, wo er erklärt oder beschrieben wird. Füllen Sie dann das Schema in Stichwörtern aus.

Anziehungskraft von Friedrichshain wird erhöht
durch •   •   •
für •   •

Folgen

→ _____

→ _____

3 Erklären Sie den Ausdruck »*Entmischung*« (Z. 93).

Entmischung bedeutet _____

4 In dem Artikel wird von einem »*Paradoxon*« (Z. 63) und einem »*Dilemma*« (Z. 112) gesprochen.
- ⇨ Was ist paradox?
- ⇨ Worin besteht das Dilemma?

5 Warum wird es in Friedrichshain »*keine Gewinner, nur Verlierer*« geben? (Z. 125)

ÜB

6 Nominalkomposita. Bilden Sie vier Gruppen.
- ⇨ Legen Sie eine Tabelle wie nebenstehend an.
- ⇨ Sammeln Sie alle Nominalkomposita und ordnen Sie sie in die Tabelle ein. *Die Beispiele stammen nicht aus dem Text.*
  - Gruppe 1: Z. 1–29
  - Gruppe 2: Z. 30–59
  - Gruppe 3: Z. 60–89
  - Gruppe 4: Z. 90–126

Typ	Beispiele
Nomen + Nomen	Bauarbeiter
Adjektiv + Nomen	Großstadt
Verb + Nomen	Wohnküche
Adverb + Nomen	Bruttomiete
Pronomen + Nomen	Selbstgespräch

7 Was ist auf den Bildern auf den Seiten 106, 107 und 110, 111 passiert?
Bilden Sie nach dem gleichen Muster wie im Beispiel Sätze mit dem Zustandspassiv.

S. 106, Bild oben links: Das Haus **ist** wahrscheinlich **besetzt**. Parolen **sind** an die Fassade **gemalt**.

WiwiS	**Zustandspassiv**	
	Vorgangspassiv	**Zustandspassiv**
	»Vorsicht Krisengebiet« **wird** an eine Wand gesprüht.	»Vorsicht Krisengebiet« **ist** an eine Wand gesprüht.
	werden + Partizip II	**sein** + Partizip II

Makler ist ein Beruf, der nicht bei jedem beliebt ist. Fast jeder kann, insbesondere in größeren Städten, Geschichten von den Männern und Frauen erzählen, die von knappen Wohnungsangeboten und der großen Nachfrage profitieren.

8 Lesen Sie die Kurztexte und entscheiden Sie, welche Charakterisierung zu welchem Makler / welcher Person passt. Achtung: Zwei Charakterisierungen passen nicht!

A
Wir wussten über Freunde von einer leerstehenden Wohnung. Wir riefen den Makler an, der uns sagte: »Sie können sich die Wohnung jederzeit ansehen – da sind derzeit Handwerker drin.« Das taten wir und teilten dem Makler mit, dass wir die Wohnung gerne nehmen würden. Zwei Tage später durften wir den Vertrag unterzeichnen – die beiden Gläser Mineralwasser im Maklerbüro kosteten uns sozusagen zwei Monatsmieten. Plus Mehrwertsteuer.

B
Nicht nur die Makler sind zuweilen ein Ärgernis, sondern auch jene Interessenten, die dem Makler einen Wink mit dem Zaunpfahl geben, um zu zeigen, wie solvent sie sind. Beispiel: Bei einer Besichtigung sagte ein Interessent zum Makler: »Ach, und sagen Sie mal: Die Miete bezahlt man hier wirklich monatlich? Also, ich könnte Ihnen auch gerne gleich das Geld für das ganze Jahr geben!«

C
Vor vielen Jahren hatte ich auf der Suche nach einer Mietwohnung notgedrungen die Hilfe eines Maklers gesucht. Als ich mich vor kurzem wieder auf die Wohnungssuche machte, habe ich 14 Makler durchtelefoniert – keiner von denen führte überhaupt noch Wohnungsrecherchen durch. Die lachten nur über meine Nachfrage: »Recherche? Nee, das machen wir schon lange nicht mehr. Das sind ja viel zu viele, die suchen.«

D
Mein Makler hat mir beim Einzug angeboten, ihm statt der regulären Maklercourtage von 1400 Euro nur 1000 Euro zu geben - schwarz und unter der Hand. Er sparte damit die Steuer, ich 400 Euro. Ich konnte damals jeden Euro gut gebrauchen und habe das Angebot angenommen.

E
Eine Freundin hatte ihre Wohnung gekündigt, ich habe mich bei dem Vermieter gemeldet und Interesse bekundet. Er war einverstanden, hatte aber bereits einen Makler eingeschaltet. Es folgte ein Treffen mit dem Makler in der Wohnung, zu dem er ein kurzes Exposé mitbrachte – das war alles. Ich bekam die Wohnung - und eine Rechnung in Höhe von rund 1200 Euro. Auf die Bitte, mit dem Preis herunterzugehen, da er schließlich keine Arbeit mit der Wohnung gehabt hätte, antwortete der Makler: »Aber ich kann Ihnen doch kein Geld schenken. Es gibt noch viele andere da draußen, die diese Wohnung gern hätten.«

F
Wir mussten vor dem Einzug unterschreiben, dass wir wissen, dass die Maklerin die Ehefrau des Hausbesitzers ist. Was wir später herausgefunden haben: Vater und Sohn haben den Immobilienbesitz gemanagt, Mutter und Tochter makelten - so bleibt das Geld garantiert in der Familie. Gezahlt haben wir natürlich trotzdem.

Makler / Person	Text	Makler / Person	Text
Der Großzügige		Der, der die Selbstständigkeit seiner Kunden unterstützt	
Der Konkurrent		Der Faule	
Der, für den sich das Finanzamt interessieren sollte		Der, der immer Witze beim Makeln erzählt	
Der, der gerne doppelt verdient		Der, der die Gesetze von Angebot und Nachfrage kennt	

Wem gehört die Stadt?

A Lesen Sie noch einmal, was Sie über »Gentrifizierung« in Aufgabe 2, S. 112 geschrieben haben.

> **Die vier Phasen der Gentrifizierung**
> **Vortrag**, 940 Wörter ☺ ☺ ☺
> In dem Vortrag wird beschrieben, wie die Gentrifizierung von Stadtvierteln verläuft.

1. Hören

1 Vervollständigen Sie die Gliederung des Textes.

1	Einleitung: Wo findet die Gentrifizierung statt?
2	
	a)
	b)
	c)
3	
	a)
	b)
	c)
	d)
4	

2. Hören, 1. Teil   Hören Sie den Text in zwei Teilen.

2 Welche Eigenschaften haben Wohngebiete, die von der Gentrifizierung betroffen sind?

_____

_____

3 Charakterisieren Sie die drei Akteure der Gentrifizierung. *(Stichwörter)*

2. Teil

4 Beschreiben Sie die Phasen der Gentrifizierung in Stichwörtern.

Phase	Veränderungen im Viertel	soziale Folgen
1 Phase der Pioniere		

Phase	Veränderungen im Viertel	soziale Folgen

5 Wie lauten die Argumente der Befürworter und der Gegner der Gentrifizierung?

Befürworter: _____

Gegner: _____

Nach dem Hören

1 Der Vortragende hat vergessen, zu Beginn einen Überblick über seinen Vortrag zu geben. Schreiben Sie den Überblick. Verwenden Sie die Formulierungen aus dem Kasten »Präsentation: Gliederung, Überblick«.

Präsentation: Gliederung, Überblick

- Ich möchte euch/Ihnen zunächst einen Überblick über meinen Vortrag geben.
- Lassen Sie mich zunächst darstellen, worüber ich im Einzelnen sprechen werde.
    - Zunächst werde ich mich mit X beschäftigen.
    - Anschließend möchte ich Y behandeln.
    - Danach widme ich mich der Frage …
    - Im Anschluss daran geht es dann um …
    - Und zum Schluss gehe ich auf Z ein.

2 Planen Sie eine **Präsentation zum Thema »Wem gehört die Stadt? / Gentrifizierung«** und führen Sie sie durch. Bilden Sie vier Gruppen, die jeweils ein Thema bearbeiten. Zum Beispiel:

Gruppe 1 Die Mainzer oder Rigaer Straße	Gruppe 3 Pioniere und Gentrifizierer
Gruppe 2 Wie verläuft eine »Entmietung«?	Gruppe 4 Gentrifizierung: Verlauf, Ursachen, Folgen.

Sie können auch andere Themen und / oder andere Texte wählen. Wenn Sie in einer Stadt wohnen, in der ähnliche Prozesse wie in Berlin ablaufen, wäre es sinnvoll, in Ihrer Stadt zu recherchieren und darüber eine Präsentation zu erstellen. In jedem Fall sollten Sie

- ⇨ in Gruppen arbeiten und das Thema arbeitsteilig bearbeiten.
- ⇨ ein Handout zu Ihrem Teil der Präsentation erstellen.
- ⇨ die in diesem Buch vorgeschlagenen Redemittel verwenden (eine Zusammenstellung finden Sie auf S. 125).

der Pionier	der Ruf	risikobereit	rege
der Gentrifizierer	die Kaufkraft	risikoscheu	begehrt
die Eigentumswohnung	das Spekulationsobjekt	schick	heterogen
der Investmentfonds	die Segregation	angesagt	homogen

Grammatik-Anhang

Nominalstil und Verbalstil

Die Nominalisierung von Satzteilen und Sätzen ist charakteristisch für wissenschaftliche Texte, Zeitungsartikel, für die Sprache der Verwaltung und der Justiz. Oft werden auch Thesen bei Präsentationen oder Beschriftungen von Grafiken im Nominalstil verfasst. Der Nominalstil komprimiert Informationen.

1. Überblick

Nominalisierung von	Verbalstil	Nominalstil	
Verben + Akkusativ	Er **repariert** den Fernseher	die **Reparatur des** Fernsehers	Verb + Akkusativ ⇒ **Nomen** + **Genitivattribut**
Passivsätzen / Passivsätzen mit Agens	Der Müll wird verschrottet. Der Müll **wird** von einer ausländischen Firma **verschrottet**.	die **Verschrottung** des Mülls die **Verschrottung** des Mülls **durch eine ausländische Firma**	Agens: von + Dativ ⇒ **durch** + **Akkusativ**
Verben mit Präpositionen	Sie **erinnerte sich** an ihren ersten Freund.	**die Erinnerung an ihren ersten Freund**	**Nomen** + **Präpositionalattribut**
	Das liegt **daran**, dass sich **die Bedürfnisse verändert** haben.	Das liegt **an der Veränderung** der Bedürfnisse.	Pronominaladverb ⇒ **Präposition** Subjekt NS ⇒ **Genitivattribut**
Modalverben	Er **will** die Freundschaft erhalten.	**sein Wunsch** die Freundschaft zu erhalten (nach Erhalt der Freundschaft)	*wollen:* Wunsch, Absicht *können:* (Un-)Fähigkeit, Möglichkeit *müssen:* Zwang, Pflicht *sollen:* Forderung, Rat *dürfen:* Erlaubnis, Verbot
	Sie sagt, er **soll** die Freundschaft beenden.	**ihr Rat**, die Freundschaft zu beenden	
sein + Adjektiv	Sie sind **befreundet**.	Ihre **Freundschaft**	
Sätzen mit Personalpronomen	Er ist mit F. befreundet.	**Seine** Freundschaft mit F.	Personalpronomen ⇒ **Possessivartikel**
Sätzen mit Adverbien	Er vertraute ihr **grenzenlos**.	sein **grenzenloses** Vertrauen	Adverb ⇒ **Attribut**

2. Nominalisierung von adverbialen Nebensätzen: Beispiel Konditionalsätze

verbal: Hauptsatz – Nebensatz	nominal: Hauptsatz
(1) **Wenn** man eine neue Schule **besucht**, ändert sich der Freundeskreis.	Mit dem **Besuch** einer neuen Schule ändert sich der Freundeskreis.
(2) **Trennt** man sich vom Partner, verliert man auch Freunde.	Bei einer **Trennung** vom Partner verliert man auch Freunde.
Subjunktion + **Verb**	**Präposition** + **Nomen**

(1) Das Verb im konditionalen Nebensatz wird nominalisiert: *besucht* ⇒ **Besuch**.
 Die konditionale Subjunktion wird zur konditionalen Präposition: *wenn* ⇒ **mit**.
 Das Akkusativobjekt wird zum Genitivattribut: *eine neue Schule* ⇒ *einer neuen Schule*.
(2) Bei einem Konditionalsatz ohne *wenn* muss im nominalisierten Satz eine konditionale Präposition stehen.
 Das Reflexivpronomen fällt weg: *sich trennen* ⇒ *Trennung*.
 Das präpositionale Objekt wird zum Präpositionalattribut: *sich vom Partner trennen* ⇒ **Trennung vom** *Partner*

Kapitel 1, 2, 4, 5, 6

3 Überblick Nominalisierung von adverbialen Nebensätzen

	verbal	nominal	Konnektoren	
konditional *(Kap. 1)*	Wenn man *eine neue* Schule besucht, ändert sich der Freundeskreis. Falls er sich von seiner Frau getrennt hätte, hätte er auch einige Freunde verloren.	Mit dem Besuch einer neuen Schule ändert sich der Freundeskreis. Bei einer Trennung von seiner Frau hätte er auch einige Freunde verloren.	*Sub*: *Präp*: *Adv*:	wenn, falls, sofern bei, mit, im Falle unter der Bedingung, dass; vorausgesetzt, dass; angenommen (dass); sonst, andernfalls (= wenn nicht)
kausal *(Kap. 2)*	Elektrogeräte werden verschrottet, weil die neuen Modelle besser ausgestattet sind. Das Gerät konnte nicht repariert werden, denn es gab keine Ersatzteile.	Aufgrund besserer Ausstattung der neuen Modelle werden Elektrogeräte verschrottet. Mangels Ersatzteilen konnte das Gerät nicht repariert werden.	*Sub*: *Konj*: *Präp*: *Adv*:	weil, da denn aufgrund, infolge, mangels, dank, aus, vor nämlich, zumal, umso mehr als
final *(Kap. 5)*	Stress ist notwendig, um das Überleben zu sichern. Die Pupillen erweitern sich, damit das Sehvermögen verbessert wird.	Stress ist zur Sicherung des Überlebens notwendig. Zwecks Verbesserung des Sehvermögens erweitern sich die Pupillen.	*Sub*: *Präp*: *Adv*:	um ... zu, damit (*selten*: dass, auf dass) zu, zwecks dafür, dazu
konzessiv *(Kap. 6)*	Obwohl sie gemeinsam aufwachsen, erleben Geschwister nie das Gleiche. Auch wenn er unterschiedlicher Meinung war, unterstützte er seinen Bruder.	Trotz gemeinsamen Aufwachsens erleben Geschwister nie das Gleiche. Ungeachtet seiner unterschiedlichen Meinung unterstützte er seinen Bruder.	*Sub*: *Präp*: *Adv*:	obwohl, obgleich, auch wenn trotz, ungeachtet trotzdem, dennoch, zwar ... aber, allerdings, immerhin, freilich, gleichwohl, dabei
instrumental	Lernen kann dadurch gefördert werden, dass man ausreichend schläft.	Durch ausreichenden Schlaf kann Lernen gefördert werden.	*Sub*: *Präp*: *Adv*:	indem; dadurch, dass durch, mit, mittels dadurch, damit
temporal *(Kap. 4)*				
vorzeitig	Nachdem sie Biologie studiert hatte, bewarb sie sich beim Max-Planck-Institut.	Nach ihrem Biologiestudium bewarb sie sich beim Max-Planck-Institut.	*Sub*: *Präp*: *Adv*:	nachdem, als nach danach, dann, später
gleichzeitig	Während er studierte, interessierte er sich nicht für solche Fragen.	Während seines Studiums interessierte er sich nicht für solche Fragen.	*Sub*: *Präp*: *Adv*:	als, während, kaum dass bei, während gleichzeitig, währenddessen
nachzeitig	Bevor die Experimente beginnen, müssen die Tiere operiert werden	Vor Beginn der Experimente müssen die Tiere operiert werden.	*Sub*: *Präp*: *Adv*:	bevor, ehe vor vorher, zuvor, davor

Erklärungen

(Kap 1): wird in Kapitel 1 ausführlich behandelt

Sub = Subjunktion   *Präp:* = Präposition   *Adv:* Adverbien und andere Ausdrücke

Kapitel 2

Satzstellung im Mittelfeld

Tendenz 1: Das Subjekt steht im Mittelfeld an erster Stelle.

	Hauptsatz					Nebensatz		
		Mittelfeld				Mittelfeld		
Oft	landet	der Schrott	in Afrika		, weil	die Entsorgung	hier billiger	ist.
Heute	werden	Geräte	sehr oft schon	verschrottet,	obwohl	sie	nur einen kleinen Defekt	haben.
		Subjekt an erster Stelle				**Subjekt an erster Stelle**		

Tendenz 2: Das Dativobjekt steht vor dem Akkusativobjekt

		Mittelfeld		
Der Elektronikschrott	hat	dem Jungen	die Gesundheit	ruiniert.
Gesetze	müssten	der Firma	den Giftmüllexport	untersagen.
		Dativ *vor*	**Akkusativ**	

Tendenz 3: Pronomen stehen vor Nomen

		Mittelfeld		
Ich	möchte	Ihnen	das Gerät zur Reparatur	bringen.
Sie	haben	es	weder der Polizei noch dem Zoll	gemeldet.
		Pronomen *vor*	**Nomen**	

Generelle Tendenz: Am Ende des Mittelfelds steht das, was *wichtig* ist und *betont* werden soll und was noch *unbekannt* ist.

Der Händler sagte ihm,	dass	er wegen fehlender Ersatzteile das Gerät **erst in zwei Wochen** reparieren		könne.
Beispiels-weise	muss	man heute für den Geschirrkorb einer Spülmaschine **mehr als 100 Euro**		bezahlen.

← bekannt, kurz   lang, unbekannt, wichtig →

Kapitel 3

GR Anhang

Nomen-Verb-Verbindungen

Nomen-Verb-Verbindung	einfaches Verb
(1) Die Studie **erbringt den Beweis für** den Zusammenhang zwischen lernen und bewegen.	Die Studie **beweist** den Zusammenhang zwischen lernen und bewegen.
(2) Bewegungen und Gesten **üben einen Einfluss auf** das Lernen **aus**.	Bewegungen und Gesten **beeinflussen** das Lernen.
(3) Diese Erkenntnis kann in verschiedenen Bereichen des Lernens **zur Anwendung kommen**.	Diese Erkenntnis kann in verschiedenen Bereichen des Lernens **angewendet werden**.
Verb + Nomen *(+ Artikel / Präposition)*	**Verb im Aktiv / Passiv**

(1) Die N-V-V heißt: *den Beweis erbringen für*. Das einfache Verb ist transitiv (ohne Präposition): *beweisen*.
(2) Die N-V-V heißt *Einfluss ausüben auf*.
(3) Die N-V-V *zur Anwendung kommen* hat eine passivische Bedeutung: *angewendet werden*.

Überblick

Verb und Nomen bilden eine **feste Verbindung**. Die **Bedeutung** trägt das Nomen.	eine Frage stellen *(fragen)*	
Das Verb bestimmt die **Syntax**: Modus, Person, Tempus	Er **brachte** seine Kritik zur Sprache. *(Präteritum, Aktiv)*	Er **sprach** seine Kritik an.
	Seine Kritik **kommt** nicht zur Sprache. *(Präsens, Passiv)*	Seine Kritik **wird** nicht **angesprochen**.
Viele N-V-V kann man durch ein **einfache Verben** ersetzen. Es gibt allerdings oft kleine **Bedeutungsunterschiede**.	eine Antwort geben – *beantworten* in Angst geraten – *sich ängstigen* Abschied nehmen – *sich verabschieden* zu Ohren kommen – *hören: Informationen erhalten*	
Aktivische Bedeutung haben die Verben in den N-V-V	bringen nehmen setzen stellen ziehen	in Erfahrung bringen *(erfahren)* Rache nehmen *(sich rächen)* in Verbindung setzen *(kontaktieren)* unter Beweis stellen *(beweisen)* in Erwägung ziehen *(erwägen)*
Passivische Bedeutung haben die Verben in den N-V-V	kommen geraten stehen finden	zum Einsatz kommen *(eingesetzt werden)* in Vergessenheit geraten *(vergessen werden)* unter Verdacht stehen *(verdächtigt werden)* Anerkennung finden *(anerkannt werden)*
Negation von N-V-V	N-V-V werden mit **nicht** verneint.	Ich stelle dir mein Auto **nicht** zur Verfügung.
	Ausnahme: N-V-V mit Nullartikel: **kein-**	Sein Vorschlag fand **keine** Unterstützung.
Satzstellung	Wie bei trennbaren Verben: Leider **steht** mir die Wohnung seit gestern nicht mehr **zur Verfügung**.	
Bedeutung	N-V-V betonen oft den **zeitlichen Verlauf einer Handlung**: Beginn, Fortdauer, Ende.	
Gebrauch	Sprache der **Wissenschaft**, der **Behörden** (»Behördendeutsch«), der **Jurisprudenz**. Im Alltagsdeutsch gebräuchlich sind (unter anderem) aber viele N-V-V mit *geben* und *nehmen*: eine Antwort geben, den Rat geben, die Schuld geben, Rücksicht nehmen, Abschied nehmen …	

119

Kapitel 7

Attribute beim Nomen

Überblick

	Linksattribut	Nomen	Rechtsattribut	Bezeichnung
die		Ärztin		
		Hautärztin		L: Bestimmungswort
eine	junge	Ärztin	**aus Frankfurt**	L: Adjektiv-A; R: Präpositional-A
eine	insbesondere bei älteren Menschen beliebte	Ärztin	**der neuen Universitätsklinik**	L: Adjektivgruppe R: Genitivattribut
die	erst seit zwei Jahren in Frankfurt lebende	Ärztin		L: Partizipgruppe
die		Ärztin,	**der ich vertraue**	R: Relativsatz
diese		Ärztin,	**erst 26 Jahre alt,**	R: Apposition

Erklärungen für Abkürzungen bei Bezeichnung: **L** = Linksattribut; **R** = Rechtsattribut; **A** = Attribut

1. Linksattribut: Partizipgruppe

Partizip I-Attribut	Partizip-II-Attribut
die Verunsicherung **auslösende** Bemerkung	der bislang kaum **erforschte** Nocebo-Effekt
bei verschiedenen Menschen unterschiedlich **wirkende** Medikamente	die in verschiedenen medizinischen Studien **getestete** Wirksamkeit des Medikaments
Partizipgruppe mit **Partizip I**	Partizipgruppe mit **Partizip II**

Partizip I-Attribute haben eine aktive Bedeutung.
Partizip II-Attribute haben eine passive Bedeutung. **Ausnahme:** *Intransitive Verben*, die das Perfekt mit sein bilden, haben eine **aktive Bedeutung**: steigen *(ist gestiegen)* ⇒ *die gestiegene Zahl von Allergikern.*

Partizip-Attribute und Relativsatz

(1) bei seinen auf Bäume **kletternden** Vorfahren	bei seinen Vorfahren, die auf Bäume **kletterten**
(2) die kompliziert **konstruierte** Wirbelsäule	die Wirbelsäule, die kompliziert **konstruiert** ist
(3) seinen aufrecht **gehenden** und mit einem großen Gehirn **ausgestatteten** Körper	seinen Körper, der aufrecht **geht** und mit einem großen Gehirn **ausgestattet** ist
Attribut mit Partizip I **Attribut mit Partizip II**	**Relativsatz im Aktiv oder Passiv**

(1) Verwandelt man ein **Partizip I-Attribut** in einen Relativsatz, steht der Relativsatz im **Aktiv**: kletternden Vorfahren ⇒ Vorfahren, die kletterten
(2) Verwandelt man ein **Partizip II-Attribut** in einen Relativsatz, steht der Relativsatz meistens im **Passiv**. Häufig entspricht das Partizip II-Attribut dem **Zustandspassiv**: Eine Handlung ist abgeschlossen und ein neuer Zustand ist erreicht: die konstruierte Wirbelsäule ⇒ die Wirbelsäule, die konstruiert ist.
(3) Ein Linksattribut kann eine Kombination von Partizip I-Attribut und Partizip II-Attribut enthalten.

Kapitel 7

GR Anhang

2. Rechtsattribut: Genitivattribut

Genitivattribut	Bedeutung
die Worte des Arztes, die Bibliothek der Universität	**Zugehörigkeit**: *Der Arzt spricht. Die Bibliothek gehört zur Universität.*
die Praxis des Arztes, das Haus meiner Schwester	**Besitz**: *Der Arzt besitzt die Praxis. Meiner Schwester gehört das Haus.*
eine Frau hoher Intelligenz, ein Medikament geringer Wirksamkeit *(Schriftsprache)*	**Eigenschaft**: *Die Frau ist sehr intelligent. Das Medikament ist nur wenig wirksam.*
der Rat des Arztes, das Leiden der Patienten	**Subjekt der Handlung** bei nominalisierten Verben: *Der Arzt rät. Der Patient leidet.*
die Erforschung des Nocebo-Effekts, die Lösung des Problems	**Akkusativobjekt** der Handlung bei nominalisierten Verben: *Man erforscht den Nocebo-Effekt. Man löst das Problem.*
eine Gruppe von Studenten; die Erforschung von Krankheiten	Fehlt ein Artikel oder Adjektiv, wird *von + Dativ* verwendet.

3. Rechtsattribut: Präpositionalattribut

die Heilung des Patienten durch den Arzt *(nur bei transitiven Verben)*		**Agens** in entsprechenden Passivsätzen: *Der Patient wird vom Arzt geheilt.*
sein Bericht über die Forschung, ihre Arbeit an der Doktorarbeit		**Objekt** bei nominalisierten Verben mit Präpositionen: *Er berichtet über die Forschung. Sie arbeitet an ihrer Doktorarbeit.*
die Zeit bis zu seiner Heilung	adverbial	temporal
die Schmerzen im linken Oberschenkel		lokal
eine Operation ohne Komplikationen		modal
die Operation infolge eines Unfalls / wegen Rückenschmerzen		konsekutiv / kausal

4. Rechtsattribut: Apposition

Apposition	Erläuterung
Der Chefarzt, ein älterer Mann, hatte schlechte Laune.	Der Chefarzt wird näher beschrieben.
Die Studie stammt von einem Mediziner, einem Professor aus Boston. Die Krankheit des Mannes, eines Journalisten, war unheilbar.	Die Apposition steht im gleichen Kasus wie das Bezugswort: von einem Mediziner – einem Professor. des Mannes – eines Journalisten

5. Komplexe Attributionen

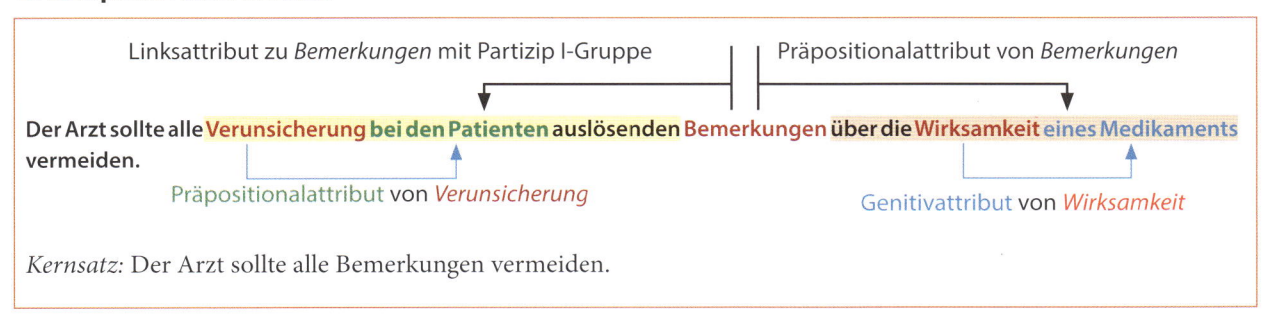

Linksattribut zu *Bemerkungen* mit Partizip I-Gruppe | Präpositionalattribut von *Bemerkungen*

Der Arzt sollte alle Verunsicherung bei den Patienten auslösenden Bemerkungen über die Wirksamkeit eines Medikaments vermeiden.

Präpositionalattribut von *Verunsicherung* | Genitivattribut von *Wirksamkeit*

Kernsatz: Der Arzt sollte alle Bemerkungen vermeiden.

Kapitel 7 / 10

Partizipialsätze

Partizipialsatz – Hauptsatz	Nebensatz – Hauptsatz
(1) Verglichen mit anderen Krankheiten, ist ihr Leiden aber nicht bedrohlich.	Wenn ihr Leiden mit anderen Krankheiten verglichen wird, ist es aber nicht bedrohlich.
(2) Seinen törichten Wunsch bereuend, verständigte er den Notarzt.	Weil er seinen törichten Wunsch bereute, verständigte er den Notarzt.
(3) Theatralisch auf die Echse deutend, ruft er:	Während er theatralisch auf die Echse deutet, ruft er:
(4) Jonathan B., wegen Mordes zum Tode verurteilt, steht kurz vor seiner Hinrichtung.	Jonathan B., der wegen Mordes zum Tode verurteilt ist, steht kurz vor seiner Hinrichtung.
(5) Monoton singend, setzt sich der Arzt neben ihn.	Während er monoton singt, setzt sich der Arzt neben ihn.

Partizipialsätze haben im Gegensatz zu anderen Nebensätzen **kein Subjekt**. In der Regel ist es identisch mit dem Subjekt des Hauptsatzes.
Partizipialsätze können ***attributiv*** (4) und ***adverbial*** verwendet werden: (1: konditional), (2: kausal), (3: temporal) und (5: temporal). Das Partizip hat **keine Endung**.

Adversativsätze

1. Kontrast, Gegensatz

Sachverhalt	Subjunktion	Kontrast / Gegensatz
(1) Der Mensch hat 5 Millionen Riechzellen,	**während**	ein Schäferhund über 220 Millionen verfügt.
(2) Das menschliche Auge kann ultraviolettes Licht nicht wahrnehmen,	**wogegen, wohingegen**	Bienen im ultravioletten Bereich des Lichts sehen.

(1) Nebensätze mit *während* können auch temporal sein. Wenn zwei gegensätzliche Sachverhalte gegenübergestellt werden, handelt es sich um ein adversatives Verhältnis.
(2) Nebensätze mit *wogegen*, *wohingegen* stehen immer nach dem Hauptsatz.

Sachverhalt	Konjunktion	Kontrast / Gegensatz
(3) Menschen können infrarotes Licht nicht wahrnehmen,	**aber**	Schlangen können es und nutzen es für die Jagd.
(4) Das Gehör der Seehunde ist sehr empfindlich.	**Doch**	sie sind farbenblind und haben einen schwachen Geruchssinn.

(3) *aber* kann auch im Mittelfeld stehen: *Schlangen können es aber wahrnehmen.*
(4) *doch* nimmt immer Position 0 ein. *doch* kann auch Konjunktionaladverb sein: *doch sind sie farbenblind ...*

Sachverhalt	Adverb	Kontrast / Gegensatz
(5) Ein Gepard läuft bis zu 122 km/h.	**Dagegen**	ist Usain Bolt langsam: Er erreicht 44 km/h.
(6) Der Mensch kann scharf sehen.	**Jedoch**	gibt es Tiere, die den Menschen an Sehschärfe übertreffen.

(5) + (6) *dagegen* und *jedoch* können auch im Mittelfeld stehen: *Usain Bolt ist dagegen langsam. Es gibt jedoch Tiere, ...*

122

Kapitel 11

2. Korrektur

verneinte Aussage	Konnektor	Korrektur
(7) Fliegen sollte man nicht von vorn fangen,	**sondern**	von hinten.
(8) Zu verdanken haben sie das nicht den langsamen Bewegungen der menschlichen Hand.	**Vielmehr**	hilft ihnen ihr Zeitlupenblick.

Die Sätze korrigieren den ersten Satz.
(7) Sätze mit *sondern* haben oft ein gleiches Subjekt (*man*), Objekt (*Fliegen*) und Prädikat (*fangen*). In diesem Fall wird der Satz verkürzt: sondern ~~man sollte sie~~ von hinten ~~fangen~~.
(8) Das Konjunktionaladverb *vielmehr* kann auch im Mittelfeld stehen: *Ihnen hilft vielmehr ihr Zeitlupenblick.* *vielmehr* und *sondern* werden oft zur Verstärkung zusammen verwendet: *Der Mensch ist nicht perfekt,* **sondern vielmehr** *ein Kompromiss der Evolution.*

Bestimmter und unbestimmter Artikel

1. Formen

bestimmter Artikel		unbestimmter Artikel	
Singular	Plural	Singular	Plural
der Vermieter	die Vermieter	ein Vermieter	Ø Vermieter
die Wohnung	die Wohnungen	eine Wohnung	Ø Wohnungen
das Haus	die Häuser	ein Haus	Ø Häuser

2. Artikel im Text

Ein Hauseigentümer darf **eine** Mietwohnung nur kündigen, wenn er **einen** Eigenbedarf nachweisen kann. **Der** Eigenbedarf liegt vor, wenn **der** Vermieter **die** Wohnung für sich selbst, für Ø Familienangehörige oder für **eine** Pflegeperson benötigt. Für **die** Pflegeperson hat **der** Vermieter **einen** Nachweis vorzulegen. **Der** Nachweis kann von **einem** Arzt oder **einer** Krankenversicherung stammen.	**unbestimmter Artikel:** neues Nomen, noch nicht bekannt **bestimmter Artikel:** Nomen bekannt

Ein **neues** Nomen wird genannt. Man verwendet den **unbestimmten** Artikel: *ein* Hauseigentümer, *eine* Mietwohnung, *einen* Eigenbedarf. Danach sind die Nomen **bekannt**. Es werden alle Nomen (oder Synonyme und Unterbegriffe) mit dem **bestimmten** Artikel verwendet: *der* Eigenbedarf, *der* Vermieter, *die* Wohnung.

3. Besonderheiten

Der bestimmte Artikel steht bei

geografischen Namen	Ich fahre in **die Alpen** / **ans** (= an das) **Mittelmeer**.
Straßennamen	Sie hat eine Wohnung in **der Schillerstraße** / **am** (= an dem) **Domplatz**.
Zeitangaben	**Der 24. Dezember** fällt auf einen Sonntag. **Das 21. Jahrhundert** ist das Jahrhundert des Klimas.
historischen Ereignissen	**Die Französische Revolution** / **Der 2. Weltkrieg** hat die Weltgeschichte grundlegend verändert.
einmaligen Dingen	**Die Sonne** ist etwa 150 Millionen Kilometer von **der Erde** entfernt.

Der unbestimmte Artikel steht bei

Vertretern einer Klasse	Eine Katze ist ein Haustier, aber kein Nahrungsmittel. Makler ist ein Beruf, aber keine Berufung.

Kapitel 11

4. Wechselnder Gebrauch bei Stoffen und abstrakten Begriffen

Nullartikel	bestimmter Artikel	unbestimmter Artikel
Ø Kaffee hält wach.	**Der** Kaffee stammt aus Äthiopien.	Es ist **ein** aromatischer Kaffee.
Sie brauchen Ø Geduld für diese Aufgabe.	**Die** Geduld meiner Lehrerin war am Ende.	Sie hatte **eine** bewundernswerte Geduld.
Ø Freiheit ist nur ein Wort.	**Die** Freiheit der Presse ist garantiert.	**Eine** Freiheit, die jederzeit wieder aufgehoben werden kann, ist keine.
nicht zählbar, allgemein, nicht bestimmt	**bestimmt, identifizierbar**	**besondere Eigenschaften** (oft mit Relativsätzen oder Adjektiven als Attribute)

Präsentationen

Präsentationen

Berücksichtigen Sie bei Präsentationen folgende Grundsätze:

1. Sprechen Sie mit genügend langen Pausen. Geben Sie Ihren Zuhörern Zeit, Ihre Ausführungen zu verstehen und zu verarbeiten.
2. Ihre Zuhörer werden nach Ihrem Vortrag Aufgaben lösen müssen. Geben Sie Ihnen die Chance, das zu tun.
3. Erklären Sie Schlüsselwörter, die Sie selbst im Wörterbuch nachschlagen mussten.
4. **Zuerst** kommt der **Text**, das gesprochene Wort, **und dann** das **Bild / die Folie**. Das bedeutet, dass der Zuhörer in der Regel die Hauptaussage der Folie kennt, bevor sie präsentiert wird.
5. Visualisierung dient der Verständlichkeit. Sie sollen keine Folien oder Bilder erklären, sondern **die Folien / Bilder erklären und verdeutlichen das, was Sie sagen.**
6. Formulieren Sie **klare Aussagen** und Thesen. Vermeiden Sie Wischiwaschi-Sätze. (»*Es ist sozusagen möglich, dass ...*«)
7. Führen Sie möglichst viele konkrete Informationen und Beispiele an. Das ist anschaulicher und überzeugt.
8. Schreiben Sie nicht zu viel Text auf die Folie. Kürzen Sie ab, aber achten Sie darauf, dass die Abkürzungen verständlich sind.
9. Denken Sie immer daran: Sie möchten, dass Ihr Publikum interessante Informationen, Zusammenhänge und Meinungen kennenlernt. Die Belohnung für Ihre Arbeit ist: Man hat Ihnen interessiert zugehört. Man hat Sie verstanden. Sie haben zum Nachdenken angeregt.

Redemittel für Präsentationen

Thema nennen	▸ Ich spreche über das Thema ... ▸ Im Folgenden geht es um das Thema ... ▸ In der Präsentation geht es um ...
Gliederung aufzeigen	▸ Ich möchte Ihnen zunächst einen Überblick über meinen Vortrag geben. ▸ Lassen Sie mich zunächst darstellen, worüber ich im Einzelnen sprechen werde. ▸ Zunächst werde ich mich mit X beschäftigen. ▸ Anschließend möchte ich Y behandeln. ▸ Danach widme ich mich der Frage ... ▸ Im Anschluss daran geht es dann um ... ▸ Und zum Schluss gehe ich auf Z ein.
Übergang zu einem neuen Thema	▸ Soweit zum Thema X. Ich komme jetzt zum Thema Y. ▸ Ich komme jetzt zum zweiten / dritten ... Teil meines Vortrags.
Beispiel anführen	▸ Ich möchte Ihnen dazu einige Beispiele nennen. ▸ Zur Veranschaulichung / Erläuterung nenne ich folgende Beispiele. ▸ Dazu folgende Beispiele: ▸ Lassen Sie mich das mit folgenden Beispielen erläutern. ▸ Ein weiteres Beispiel ist ...
Reformulierungen	▸ Das heißt ... ▸ Mit anderen Worten: ... ▸ Anders / Genauer gesagt: ... ▸ Also ... ▸ Damit ist gemeint ...
Zusammenfassung	▸ Zusammenfassend lässt sich feststellen: ... ▸ Als Fazit kann man also sagen: ... ▸ Ich fasse noch einmal das Wichtigste zusammen: ...
Aufforderung zum Fragenstellen / zur Diskussion	▸ Vielen Dank fürs Zuhören / für Ihre Geduld / für Ihre Aufmerksamkeit. Haben Sie noch Fragen? ▸ Fragen zu meinem Vortrag beantworte ich gern. ▸ Abschließend möchte ich folgende Frage / These zur Diskussion stellen.

Quellenverzeichnis

Quellenverzeichnis

S. 10	»Die Normalfreundschaft«, Auszug aus: Auf solche Freunde kann man verzichten, Polar, # 5, Berlin 2011
S. 12	» Doppelte Freude, halbes Leid«, nach: Die Gesetze der Freundschaft, Gehirn und Geist, Nr. 5/2013
S. 14	»Wo sucht man Hilfe«, Statistik aus: Auszug aus dem Datenreport 2008, Bundeszentrale für politische Bildung
S. 15	» Geheimnisse sichern Freundschaft«, nach: Frankfurter Rundschau, 20.10.2010
S. 16	» Fremde werden Freunde«, nach: http://www.fremde-werden-freunde.de/de/projektbeschreibung, (5.6.2013)
S. 16	»Freundschaften im Studium«; nach: http://www.denkbilder.uzh.ch/pdf/db_16.pdf (15.5.2013)
S.19	»Schluss bei Ausdruck 1505«, nach: Jürgen Reuß / Cosima Dannoritzer: Kaufen für die Müllhalde, Freiburg 2013
S. 22	»Vergiftete Flammen«, nach: Der Tagesspiegel, 14. Dezember 2012
S. 22	Foto oben links: Kai Loeffelbein (UNICEF-Foto des Jahres 2011), mit freundlicher Genehmigung
S. 30	»Denken, lernen, bewegen«, nach: Schlau durch Bewegung, Gehirn und Geist, Nr. 1-2/2013
S. 33/36	»Lernen und Schlaf« und »Lernen im Schlaf«, Informationen nach: http://www.wdr.de/tv/quarks/sendungsbeitraege/2010/0622/006_schlaf.jsp (23.08.2012)
S. 37	»Richtig Lernen«, nach: http://www.e-fellows.net/STUDIUM/Skills/Lernen/Lerntechniken-Richtig-lernen (15.06.2013)
S. 40 ff	Die »Fälle« sind entnommen aus: Matthias Maring (Hrsg.), Fallstudien zur Ethik in Wissenschaft, Wirtschaft, Technik und Gesellschaft, Karlsruhe 2011 (Online-Version, 14.05.2013) sowie: Mischa Täubner und Annick Eimer, Wenn die Arbeit zur Gewissensprüfung wird, Frankfurter Allgemeine Zeitung, Hochschulanzeiger Nr. 108, 2010
S. 46	»Der Lobbyist«, nach: »Ich arbeite auf der dunklen Seite der Macht«, Zeit Campus, 17.12.2011
S. 49	Beide Texte nach: Und es geht doch, Süddeutsche Zeitung, 15. Oktober 2012
S. 52	»Schweigen ist Gold«, nach: Stressreduktion für Paare – gewusst wie, http://www.uzh.ch/news/articles/2007/2606.html (16.02.2013)
S. 58	» Die Gebrüder Mann«, http://www.thomasmann.de/thomasmann/leben/heinrich_mann/231187 (27.8.2013)
S. 60	»Geliebte Rivalen«, nach: Jürgen Frick, Bund fürs Leben, Gehirn und Geist, 5/2010
S. 66	Die Grafiken stammen aus einer Studie der Planck-Gesellschaft: http://www.mpg.de/6627394/nichtehelich (6.3.2013)
S. 67	Texte »Einzelkinder« nach: http://www.familienhandbuch.de/cms/Familienforschung-Geschwister.pdf, (8.2.2013)
S. 68	Alle »Fälle« nach: Werner Bartens, Das falsche Signal, Süddeutsche Zeitung Magazin, Heft 4/2013
S. 72	»Der Nocebo-Effekt«, nach Magnus Heier, Ich werde schaden, Frankfurter Allgemeine Zeitung, 21.09.2009
S. 82	»Fluchen – verbieten sinnlos«, nach: Joni Müller, Wer flucht am schönsten, Neue Zürcher Zeitung Folio, 10/1996
S. 88	Statistische Angaben aus: Fleischatlas, Heinrich-Böll-Stiftung 2013
S. 89	»Die Fleischesser«, nach: Fleischatlas, Heinrich-Böll-Stiftung 2013
S. 90	Ohne Titel, nach: Ralf Wiegand, Im Tierhimmel, Süddeutsche Zeitung, 9. März 2013
S. 92	»Warum essen Menschen andere Tiere?« Der Text beruht auf einem Interview mit Melanie Joy: Wir folgen unsichtbarem Glaubenssystem«, http://derstandard.at/1331207287200/Wir-folgen-unsichtbarem-Glaubenssystem (3.4.2013)
S. 95	»Woher kommt das Ei?«, nach: Frankfurter Rundschau, 15./16. Januar 2011
S. 96 f	Alle Angaben und Texte: Bundesumweltamt: GEO-ENGINEERING: wirksamer Klimaschutz oder Größenwahn? http://www.umweltbundesamt.de/publikationen/geo-engineering-wirksamer-klimaschutz-groessenwahn (12.12.2012)
S. 102	»Fehlkonstruktion Mensch«, nach: Baumängel der Evolution, Süddeutsche Zeitung, 18.02.2013
S. 110	»Wer besitzt den Kiez«, nach: Johannes Radke, Umgekrempelter Friedrichshain, Der Tagesspiegel, 2.1.2010

Wir haben uns bemüht, alle Inhaber von Text- und Bildrechten zu ermitteln. Der Verlag bittet um Mitteilung, falls Rechteinhaber hier nicht aufgeführt sind.